Kai Kramosta
Wo die Kühe nicht lila sind
Dorfkinder leben besser

www.kramosta.de

Über das Buch

Was macht Dorfkinder so besonders? Nun ja, sie kennen Momente, die unbezahlbar sind: vom Nachhauselaufen nüchtern werden, wissen, dass Kühe nicht lila sind, Frühling ist, wenn es nach Gülle riecht, im eigenen Garten zelten, Wege kennen, die es bei Google Maps nicht gibt, jemanden schon am Geräusch des Autos erkennen, Partys in der Scheune feiern, hoffen, dass der Schulbus nicht fährt, als Bälleparadies nur den Heuwagen zu haben oder wenn es in der Kreisliga zum Derby kommt …

Der Komiker Kai Kramosta geht dem Geheimnis des Dorflebens auf die Spur und liefert mit „Wo die Kühe nicht lila sind – Dorfkinder leben besser" ein Werk über die Landbevölkerung und deren Liebens- sowie Merkwürdigkeiten. Kramosta wuchs selbst in einem Eifeldorf auf und erinnert sich voller Hingabe an diese Zeit: „Mein Vater war bei uns aufm Dorf Handwerker. Der Nachbar kam manchmal, um sich eine Leiter zu borgen, und ging nach zwei Stunden besoffen heim – ohne Leiter!"

Und am Ende des Buches ist eins sicher: Wer auf dem Dorf groß geworden ist, wurde nicht erzogen – er hat überlebt!

Über den Autor

Kai Kramosta wurde am 03. Mai 1984 in Andernach geboren und wuchs im Eifeldorf Nickenich auf. Er ist ein deutscher Komiker und Comedyautor (u.a. für SWR3). Mit seinen Kabarettprogrammen machte er sich in der Humorlandschaft einen Namen und wurde 2017 als „Künstler des Jahres – Comedy & Kabarett" ausgezeichnet. „Wo die Kühe nicht lila sind" ist sein zweites Buch.

KAI KRAMOSTA

Wo die Kühe nicht lila sind

DORFKINDER LEBEN BESSER

1. Auflage, 2018
© 2018 by Kai Kramosta, Köln
Alle Rechte vorbehalten. Abdruck, auch auszugsweise,
nur mit ausdrücklicher Genehmigung des Autors.

Artwork: medien & design BRÜCKNER
Bild: Anna Bee Photography
Lektorat: Kelly GmbH – Korrektur + Lektorat
Satz & Layout: media190, Wilfried Venedey
Druck & Bindearbeiten: CPI – Clausen & Bosse

ISBN 978-3-961-113293

Ich widme dieses Buch Nickenich –
dem schönsten Dorf der ganzen Welt.

Inhalt

Kommt der Bus?

12.12.1997, 07:20 Uhr – Nickenich, Rheinland-Pfalz. Schüler der Hermann-Gmeiner-Realschule der zehn Kilometer entfernten Stadt Mendig stehen frierend und bangend an der Bushaltestelle.

Warum Schüler? Weil es damals noch keinen gekünstelten Genderfaschismus in der deutschen Sprache gab und auch Schülerinnen unter dem Ausspruch „Schüler" zusammengefasst wurden; im Jahre 2018 hieße der Satz bestimmt: „SchülerInnen (nicht nur, aber vorwiegend – durch Quotenregelung vorgeschriebene – Menschen mit Menstruationshintergrund) der ..."

Warum frierend? Weil es damals im Winter auch schon kalt war und sich Nickenich in der Eifel befindet, dem deutschen Sibirien. Dort schneit es im Dezember zwei Mal: einmal 23 Tage und einmal 8 Tage lang. Wenn man bei uns auf dem Dorf im Winter aus Versehen eine Flasche Cola draußen stehen lässt, kann man sie nachher in die Tiefkühltruhe zum Auftauen legen.

Warum bangend? Na, ob der Bus kommt oder nicht. Es war DIE Chance, nicht in die Schule zu müssen. Denn eine Verspätung um zehn Minuten bedeutete offiziell „Ihr dürft nach Hause gehen!" Und dann stand dieser Tag zur

11

freien Verfügung, denn versuchen Sie mal, vom Dorf spontan in die Stadt zu gelangen. Wenn Sie den Bus verpassen, war das ein Satz mit X – denn der nächste fuhr erst im Herbst. Am 12.12. schlug die Uhr irgendwann 07:30 Uhr, und die Kinder rannten jubelnd durchs Dorf nach Hause – hatte der Busfahrer, Schaltknüppels Bernd, auf der Umgehungsstraße das runde Schild mit der 50 gesehen und gedacht, er müsse jetzt 50 Mal durch den neu angelegten Kreisverkehr fahren? Oder war der Gemeindediener, Schüppestils Hens, an diesem Morgen nicht in der Lage gewesen, den Streuwagen aus dem Bauhof zu fahren? Es war Freitag und da lag die Vermutung nahe, dass er noch Restalkohol hatte – denn die Hauptversammlung der Feuerwehr fand stets Mittwochabend statt. Die Gründe waren den Schülern allerdings vollkommen egal, ein verlängertes Wochenende stand ihnen bevor, und sie absolvierten im Geiste schon den nächsten Wettkampf bei Pokémon Stadium auf der Nintendo 64. Sie hüpften fidel wie Pikachu und singend wie Piepi die Hauptstraße entlang zu ihren Seitengassen und Nebenstraßen. Einer von ihnen war dick und behäbig wie Snorlax. Dieser eine hieß Kai Kramosta – das bin ich; hallo liebe Leserin und lieber Leser.

Ja, sie haben richtig gelesen: KRAMOSTA. Das ist mein wirklicher Nachname, kein Künstlername – ich heiße so, wie die Buchstaben, die beim Scrabble übrig bleiben. Mit diesem Namen und dieser Herkunft kann man nur Massenmörder oder Komiker werden. Ich habe mich für Letzteres entschieden, weil ich kein Blut sehen kann. In meiner Brust schlagen zwei Herzen, denn ich bin halb Eifelaner und halb Rheinländer – Eifelaner durch meine Mutter und Rheinländer durch einen guten Freund meines Vaters. Das war natürlich ein Scherz – ich höre meinen Papa jetzt schon rufen „Man reiche mir mein Testament und einen Radiergummi." Ich bin der Inbegriff des Dorfkindes und meine frühesten Erinnerungen haben immer mit dem Ort Nickenich zu tun. Neun Monate vor meiner Geburt bin ich dort mit meinem Vater zur Kirmes und mit meiner Mutter nach Hause. Nickenich liegt in der östlichen Vulkaneifel in der Nähe von Maria Laach (Kreis Mayen Koblenz – die Autos, die Sie auf der Autobahn mit dem Kennzeichen MYK sehen, kommen nicht von Mykonos), ein beschauliches Fleckchen Erde mit circa 3600 Einwohnern. Die Einwohnerzahl ist auch fast immer gleich hoch: Immer wenn ein Kind geboren wird, verschwindet der Vater – das gleicht sich also aus. Nickenich steht hier nur stellvertretend für alle Dörfer der Bundesrepublik, denn ich habe bei meinen Theatertourneen gelernt, dass die Menschen in den ländlichen Gegenden gleich ticken und sich auch die Gepflogenheiten nicht groß unterscheiden. Dörfer – der Ort, wo man eine Massenpanik auslöst, wenn man außerhalb der Reihe die blaue Tonne an die Straße stellt oder morgens um sechs Uhr aus Spaß mit der Schneeschaufel über den Bürgersteig kratzt.

Stadtmenschen werden dieses Gefühl nicht kennen, das macht sie nicht zu schlechteren Menschen, aber ich glaube, dass man auf dem Dorf etwas prägender lernt, was dir in der heutigen multimedialen und hektischen Gesellschaft den Arsch retten kann: Zusammenhalt, Gelassenheit und Heimatgefühl. Schauen wir uns doch mal den Unterschied zwischen Stadt- und Dorfkind an folgenden Beispielen an:

Stadtkind: 500 Meter entfernt? Wann fährt denn da der Bus?
Dorfkind: 4 Kilometer entfernt? Da laufe ich kurz hin.

Stadtkind: Der Apfel schmeckt nach Eistee.
Dorfkind: Lecker der Pfirsich.

Stadtkind: Ich muss die Fläche hier messen – gib mir mal den Zollstock!
Dorfkind: Ich muss die Flasche Bier öffnen – gib mir mal den Zollstock!

Stadtkind: Um einen Weihnachtsbaum zu bekommen, brauche ich 20 Euro.
Dorfkind: Um einen Weihnachtsbaum zu bekommen, brauche ich eine Säge.

Stadtkind: Ich trete bald eine Studienreise an und werde dort fremde Menschen und deren Kultur kennenlernen.
Dorfkind: Kommt, wir gehen ins Neubaugebiet!

Stadtkind: Die Party ist zu Ende, wir müssen noch die letzte Straßenbahn erwischen!
Dorfkind: Die Party ist zu Ende, kommt, wir gehen zum Bäcker, der macht gleich auf!

Stadtkind: Ich frage mich, wie es meinem Nachbarn Josef Müller so geht.
Dorfkind: Ey, Müllers Jupp, wie geht's dir?

Stadtkind: Die Laterne hier ist so hell, komm Schatz, wir suchen uns ein dunkleres Eckchen!
Dorfkind: Schatz, ich trete mal gerade die Laterne aus.

Stadtkind: Mach das Fenster zu, es stinkt nach Abgasen!
Dorfkind: Mach das Fenster auf, es riecht nach frisch gemähtem Gras!

Stadtkind: Mama sagte, ich solle um ‚Punkt 6' daheim sein.
Dorfkind: Mama sagte, ich solle bleiben, ‚bis es dunkel wird.'

Stadtkind: Geil, eine Tasche von Versace.
Dorfkind: Klasse, eine Hose von Engelbert Strauss.

Stadtkind: Im Radio haben sie gesagt, es sei Frühlingsanfang.
Dorfkind: Der Frühling ist da, es riecht nach Gülle.

40% der Stadtkinder glauben tatsächlich, dass Kühe lila sind. Wenn aus dem Euter dann wenigstens Schokolade herauskäme, wäre es ja okay. Aber glauben Sie mir, das tut es nicht. Wir Dorfkinder haben dies schon ausprobiert. Wir haben sogar die Kuh Berta bei unserem

Bauern, Misthaufens Tom, mal zehn Minuten geschüttelt, weil wir dachten, sie gäbe beim Melken dann Schlagsahne – Fehlanzeige. Wir probierten halt viel aus und für uns ging der Tellerrand nur von der Kirche bis zum Ortsausgangsschild. Ein guter Kumpel von mir, Dumpfbackens Johannes (er war nicht die hellste Kerze auf der Torte; er hatte eine durchsichtige Brotdose, damit er wusste, ob er zur Arbeit ging oder von der Arbeit kam), bekam mit seiner Frau – NATÜRLICH eine aus unserem Ort, wenn sie aus dem Nachbardorf gekommen wäre, hätte er sich bei seinen Eltern nicht mehr blicken lassen dürfen – ein wundervolles Kind. Das Problem war, als das Baby auf die Welt kam, war es … (ich würde jetzt hier den Begriff „schwarz" einsetzen, aber da die heutige Welt voller Shitstorms ist – Shitstorm ist bei uns auf dem Dorf, wenn bei Misthaufens Tom das Güllefass explodiert –, möchte ich den politisch Korrekten die Möglichkeit geben, hier ein Wort einzusetzen, bei dessen Wirkung sie noch beruhigt schlafen können). Auf jeden Fall hatte sie da einen kleinen, süßen Roberto Blanco im Arm und Johannes staunte nicht schlecht. Nach dem Krieg hätte bestimmt noch die Ausrede „Ich habe bei den Amis zu viel Cola getrunken" gegolten, aber heutzutage muss man sich da schon etwas Besseres einfallen lassen. Sie sagte: „Schatz, ich hatte zu wenig Muttermilch und habe unser Baby zum Stillen meiner Bettnachbarin aus Südafrika gegeben, deswegen ist die Haut so dunkel!" Jetzt muss man wissen: Johannes ist der Grund, warum es Schuhe mit Klettverschluss auch für Erwachsene gibt; als Kind stand seine Schaukel wohl zu nah an der Wand. Auf jeden Fall glaubte er seiner Frau und ging mit der Nachricht zu seinen Eltern. Die Mutter tobte und stieß mit dem typischen „Sag doch auch mal was, Hermann!" ihren Mann an. Dieser blieb aber ganz cool und meinte: „Das kann sein." Die Mutter staunte Bauklötze und wollte gedanklich schon die Scheidung einreichen. Ihr Göttergatte fuhr aber fort: „Als Johannes klein war, hattest du auch nicht genug Muttermilch – und da haben wir ihn zum Saugen ans Euter unserer Kuh gelassen. Und schau mal, was das jetzt für ein Rindvieh geworden ist!"

Deswegen liebe ich das Dorfleben – nichts ist so schlecht, dass es nicht auch für irgendetwas gut ist. Die Rindvieh-Geschichte war nur eines von vielen Beispielen, das ich als Kind mitbekam. Natürlich ist mir klar, dass sie im Laufe der Zeit ausgeschmückt wurde; das Prinzip der stillen Post. Wenn sich im Unterdorf jemand in den Finger schneidet, ist im Oberdorf schon der ganze Arm ab. Retrospektiv stelle ich mir aber heute die Frage: „Lebt man als Dorfkind besser und behüteter?" Mit diesem Buch will ich es herausfinden. Wollen Sie diese Reise mit mir unternehmen? Würde mich freuen!

(Jetzt bitte nicht nur „Ja!" rufen, auch weiterblättern – sonst läuft es suboptimal.)

Stadtflucht & Dorffluch

Ich lebe in einem Dorf, bei dem ich, wenn mich jemand fragt, wo ich denn herkäme, eine 30 Kilometer entfernte Stadt nennen muss, damit derjenige es geografisch irgendwie einordnen kann. Die meisten meiner Freunde sind auch schon in eine Stadt gezogen, aber den Dorffluch werden sie niemals los: Man kann einen Menschen aus dem Dorf holen, aber nie das Dorf aus dem Menschen! Ich sehe es ja an mir, 2010 bin ich – wegen meines Comedyberufes – nach Köln gezogen, aber meine Heimat trage ich immer im Herzen, und ich komme so oft es geht zurück. Okay, Nickenich ist jetzt auch nicht DIE typische Eifel und im sieben Kilometer entfernten Andernach beginnt schon das Rheinland. Außerdem glaube ich, dass Köln ein Dorf ist, das sich mal beim Karneval als Stadt verkleidet hat und seitdem als solches gilt. Die Umgewöhnung für Dorfkinder ist dort spielend einfach, denn die Denk- und Verhaltensweisen der Kölner kenne ich noch von daheim.

Ich war mal in Köln Nippes in einem Kiosk (oder wie der Kölsche sagt: e Büdche), die Verkäuferin lehnte auf dem Tresen. Eine hochkandidelte Touristin aus Hannover betrat den Laden und fragte: „Ich hätte gerne eine Tüte

Chips und eine Schachtel Lucky Strike, was macht das?"
Antwort: „Wat dat macht? Krank un' fett!" Diese Szene
hätte auch bei uns im Tante-Emma-Laden spielen können.
Vielleicht ist das der Grund, warum Köln die Stadt ist,
in die die meisten Dorfkinder ziehen; man fühlt sich
wie daheim und die Dommetropole nimmt sich auch nicht
so ernst. Ich habe mit meiner Mutter früher immer
Städtereisen mit dem Zug gemacht. Wenn du in Hamburg
im Bahnhof ausgestiegen bist, stand dort: „Hamburg, das
Tor zur Welt!" Stieg man in München aus, konnte man
lesen: „München, die Weltstadt mit Herz!" Wenn du in
Köln aus dem Bahnhof kamst, stand dort: „Reibekuchen
4,50 Mark!"

Natürlich kommt es öfters immer noch zum Kultur-
clash. Wenn meine Eltern mich in Köln besuchen, gibt es
Verständigungsschwierigkeiten, vor allem bei der Straßenbahn. So was kennen wir Dörfler nicht; der Zug kommt
nur ins Dorf, wenn Karneval ist. Alle zehn Minuten mit
der Straßenbahn von A nach B zu kommen, ist Hexen-
werk. Mein Vater meinte mal: „Mit dieser Straßenbahn
ist das ja richtig klasse und praktisch, aber das kostet
tagelang nix und dann auf einmal 60 Euro!" Schönen
Gruß hiermit an die Kölner Verkehrsbetriebe, deren
Weihnachtsfeier garantiert von Eifelanern finanziert wird.
Wenn meine Eltern mich dann verlassen, klingelt garantiert eine Stunde später das Telefon: „Kai, wir sind Gott
sei Dank wieder daheim, es ist noch alles so wie vorher!"
Alles so, wie es war – das schafft Vertrauen. Ich war zu
meiner Anfangszeit in der Stadt beim Einkaufen komplett

überfordert. Dort gab es in einer Straße fünf Supermärkte, drei Bäckereien und vier Metzger – zu wem soll man denn dann gehen? In meiner Heimat gibt es einen REWE, einen Bäcker und einen Metzger – da weiß man, wo man seine Sachen kauft. Aber jetzt? In der Anfangszeit bin ich fast verhungert, weil ich mich nicht entscheiden konnte – heute nehme ich stetig zu, weil ich aus schlechtem Gewissen überall kaufe.

Früher dachte ich, Heimat sei kein Ort, sondern ein Gefühl; das stimmt nicht ganz. Ich finde, man kann es schon geografisch verorten. Sobald ich auf der A61 die Ausfahrt Mendig nehme, entsteht ein wohliges Gefühl im Bauch. Und wenn ich dann das Ortseingangsschild von Nickenich passiere, folgt ein Lächeln im Gesicht. Man hält kurz bei der Aufseherin des Ortes, Döppekochens Hedwig, und wird über den neusten Dorftratsch informiert: „Flintenweibs Monika ist schon wieder schwanger – man weiß aber nicht von wem; Schürzenjägers Edgar betrügt jetzt seine Frau und seine Freundin; Stinkstiefels Matthias bezieht Rente, weil er seine tote Oma ans Fenster setzt." Hedwig weiß alles, sie ist unser Facebook. Tag und Nacht lehnt sie auf ihrer Fensterbank und überwacht die Straße: Google Street View offline. Wenn sie mal stirbt, kann man wirklich behaupten: „Hedwig ist weg vom Fenster!"

Aber die Informationsverbreitung ist auf dem Dorf enorm. Da kommen keine Zeitung in der Stadt und kein soziales Netzwerk mit. Wenn Sie etwas verbreiten wollen, müssen Sie kein teures Geld für Rundmails oder Inserate aufgeben, nein, gehen Sie einfach in die Dorfkneipe zu den vier Trunkenbolden, die dort immer sitzen, und erzählen Sie ihre News. Aber – und das ist ganz wichtig – beginnen Sie ihren Satz auf jeden Fall mit: „Ich erzähle Euch jetzt was, das dürft ihr aber KEINEM weitererzählen!" Spätestens wenn Sie die Kneipe verlassen, weiß es nicht nur das gesamte Dorf inklusive Nachbargemeinden, nein, auch der komplette Landkreis und selbst die Zugezogenen sind informiert – nach einer Stunde läuten im Petersdom die Glocken und die NSA flucht: „Scheißdorf, woher wissen die das immer vor uns?"

Natürlich hat die Stadt auch Vorteile, man ist näher am Geschehen und kulturell liegt dir mehr zu Füßen (Kino, Theater, Oper; Museum etc.), da ist der Dörfler eher eingeschränkt. Es gibt zwar Karnevalssitzungen und Darbietungen von örtlichen Theatergruppen – aber den Pulitzerpreis erlangen diese Events nicht, obwohl sie sehr unterhaltsam sein können. Aus meinem Dorf gibt es diesbezüglich eine Geschichte, die sich in den frühen 80er-Jahren zugetragen haben muss. Der damalige Schiedsmann, Wogenglätters Dieter, ging mit seiner Frau nach Koblenz ins Theater – zum ersten Mal wurde dort ein modernes Stück aufgeführt. Sie schmissen sich in Schale und brezelten sich auf – wobei aufbrezeln … in ihrer Montur sahen die beiden eher nach einem Laugenbrötchen aus. Bei der Hochzeit schworen sie sich zwar noch „Wir wollen niemals auseinandergehen.", aber die Jahre und die üppige Ernährung auf dem Dorf machten aus „Kurven haben" eher „Ein Kreisverkehr sein."

Auch ein Vorteil vom Dorf: Man schaut in den Spiegel und sagt: „Passt schon!" Denn wenn man sich mit anderen Bewohnern vergleicht, sehen die meisten genauso aus. In der tiefsten Sackeifel haben sie auch denselben Nachnamen – aber das erkläre ich in meinem nächsten Buch „Wo der Stammbaum ein Kreis ist." Ich hörte sogar von einer mir bekannten verheirateten Frau, die sich jeden Morgen nackt vor den Spiegel gestellt und leise gemurmelt haben soll: „Das gönn ich ihm!" Aber wir schweifen ab. Dieter war also mit seiner Frau auf dem Weg nach Koblenz über die B9. Dort merkt man auch, wie viele Jahre ein Paar verheiratet ist – frisch zusammen füllt man zwanzig Minuten Fahrt mit 2400 Wörtern; ewig zusammen bleiben die Zahlen gleich, nur die Substantive wechseln: 2400 Minuten Fahrt mit 20 Wörtern („Dieter, fahr nicht so dicht auf – du weißt doch, halber Tacho!", „Nerv nicht, klar weiß ich das, aber wie groß ist so ein Tacho, 40 Zentimeter?"). Aufregen konnte er sich zur Genüge, denn den Weg zur Stadt kennt der Dörfler im Schlaf. Nun gab es aber ein Problem: In der Nähe des Theaters gab es kein Brauhaus und keine Kegelclubkneipe, das heißt, Dieter hatte keine Ahnung, wo sich das Haus in dieser grooßen Stadt befindet. Wer auf dem Dorf eine kulturelle Einrichtung sucht, hat Glück: Immer die Hauptstraße entlang fahren, irgendwann kommt sie. Aber vor Koblenz kam dann das Navigationssystem der Urzeit zum Tragen, das MmKadB: Mutti mit Karte auf dem Beifahrersitz. Seien wir ehrlich: Wäre man damals zu Fuß weiter und hätte das Ziel auf gut Glück gesucht, man wäre früher da gewesen. Denn das Navi MmKadB hatte einen eingebauten Verzögerungsmechanismus, beruhend auf Überzeugung und Wahrscheinlichkeit: „Ich glaube, vor fünf Metern hätten wir links gemusst." Der Endverbraucher VmseH – Vati mit so einem Hals – hätte spielend auf jedem Behindertenparkplatz parken können, denn er litt dann immer am Tourettesyndrom. Und Dörfler können wunderbar fluchen, hier ein Auszug aus Dieters verbalem Amoklauf: „Was ist denn das für XXXXXX XXXXXX XXXXXX, ich habe XXXXXX XXXXXX XXXXXX XXXXXX XXXXXX (wir überspringen die nächsten drei Minuten), deswegen XXXXXX XXXXXX XXXXXX." Am Ende mussten beide einsehen: Die Straße war richtig, in der Stadt hatten sie sich getäuscht.

Irgendwann kamen sie jedoch am Theater an und fanden auch ihre Plätze. Dieter merkte nun, dass eins von den acht Bitburgern gestern Abend noch nicht ausgeschieden war und musste kurz vor der Vorstellung nochmal dringend raus. Er irrte durch die Gänge und fand die Toiletten nicht. Das macht einem Mann aus dem Dorf aber nichts aus, denn Toilette ist da, wo sich ein Gefäß befindet und man breitbeinig stehen kann. Ich erinnere mich nur an die Anweisung meiner Mutter „Beim Pinkeln hinsetzen!" Das Waschbecken hielt meinen Vater aber nicht lange aus. In Dieters Verzweiflung urinierte er in eine herumstehende Blumenvase. Er setzte sich wieder in den Zuschauerraum, wo der Vorhang vor der Bühne bereits aufgezogen war, und fragte seine Frau: „Na, habe ich was verpasst?" Sie gelangweilt: „Nö, so ein moderner Quatsch.

Da rennt einer auf die Bühne, pinkelt in eine Blumenvase und verschwindet wieder!" Eifel live.

Ich kann es nicht verheimlichen, ich komme vom Dorf. In vielen Alltagssituationen wird mir dies immer wieder bewusst. Vor allem an der Fußgängerampel. Ich warte tatsächlich noch, wenn diese Rot zeigt und weit und breit kein Auto in Sicht ist. Nicht, weil mein Arzt mir Rotlicht verschrieben hat, sondern weil ich es so bei der Verkehrserziehung in der Grundschule gelernt habe: „Bei Rot stehen, bei Grün gehen – bei Gelb Achtung!" In der Stadt wird auf diese Farben keine Rücksicht genommen, man könnte dort eine beleuchtete Discokugel hinhängen – hätte denselben Effekt. Die Regel lautet dort: „Kommt ein Auto = verschnaufen; kommt kein Auto = laufen!" Das gilt selbst in Kurven – ein großes Gottvertrauen müssen diese Städter haben. „Da kommt schon keiner!", hat mir mal jemand erklärt. Ich möchte meine Schutzengel aber nicht herausfordern, die brauche ich schließlich noch für meine Hochzeit. Man stelle sich nur vor, ich Depp warte brav auf Grün und gehe dann; werde dann aber von einem Auto erfasst, weil der Fahrer dachte: „Da kommt schon keiner!"

Städter erkennt man auch daran, dass sie im Spätsommer nur mit T-Shirt das Haus verlassen. Dies würde ein Dörfler niemals tun, denn der spontane Herbsteinbruch auf dem Land ist gefürchtet. Es wird nicht nur plötzlich kalt, nein, Orkane ziehen auf, die wie rachsüchtige Exfrauen sind – sie nehmen Häuser und Autos mit. Die Bäume schlagen aus – und zwar wirklich. Wenn der Wind ungünstig steht, wirst du beim Spaziergang von einer Horde Tannen vermöbelt, gut, es tut nicht weh, weil ihre Nadeln gleichzeitig eine effektiv schmerzbetäubende Akupunktur vollziehen. Trage im Herbst auch niemals gedeckte Kleidung, denn wenn dich fallende Blätter unter sich begraben, werden dich irgendwann Gemeindearbeiter aus einem Laubbläser fischen. Natürlich ist es im Winter toll, wenn du durch helle Kleidung an der Straße von den rechtsüberholenden Autos erkannt wirst. Es ist aber blöd, wenn dich links der Schneepflug überfährt. Diese Sicherheitsgedanken und Überlebensstrategien sind bei Menschen aus der Stadt vollkommen lahmgelegt. Da gibt es quasi zwei Kleidungsrichtungen: „Für warme Tage" und „für kalte Tage." Und – ich wollte es nicht glauben – sogar sieben Paar Socken, um täglich frische anzuziehen. Verschwenderischer Luxus. Wenn man einen Dörfler fragt: „Hast du frische Socken an?", hört man meistens: „Ja, schon lange."

Ebenso verhält es sich im Restaurant, wie ich immer an meinem Vater beobachte. Vater ist ein waschechter Eifelaner; auch wenn er jugoslawische Wurzeln hat, würde ich ihn als Parade-Dorfmensch bezeichnen. Er ist Handwerker und hatte jahrelang in Nickenich seinen eigenen Stuckateurbetrieb. Bei jedem auswärtigen Essen packt er die Serviette ein, denn: „Die kann ich ja noch vier Mal benutzen." Man kann an den Servietten vieler Dörfler den Speiseplan der kompletten Woche rekonstruieren. Verschwenderisches Wegwerfen passiert nur im äußersten Notfall. Vier Seiten Serviette reichen mindestens für vier

Tage Speisen; wenn man sie dazu noch drittelt, auch für Frühstück, Mittag- und Abendessen. Der geneigte Leser fragt sich jetzt: „Aber Moment – was ist denn mit den Innenseiten?" Nein, das würde ein Dörfler niemals tun; die benutzt man ja zum Naseputzen. Würden mehr Menschen so denken, wäre der Vermüllung der Wegwerfgesellschaft eine Serviette vorgeschoben – sogar vier Mal!

Und man lässt sich das restliche Essen noch einpacken – es darf ja nix schlecht werden. In feinen Restaurants benutzen Dorfbewohner dann meistens die Ausrede: „Packen sie das Essen noch ein – für den Hund!" Blöd ist, wenn die Kinder dann begeistert rufen: „Jaaa! Wir bekommen einen Hund!"

Man bezeichnet dieses Verhalten in der Psychologie gerne als „Dorffluch", wobei ich das Verhalten sehr begrüße. Wenn du mit Natur, Landwirtschaft und Nutztieren groß wirst, weißt du, wie kostbar das Leben ist und überlegst bei Gegenständen zwei Mal, bevor du sie wegwirfst. Aus Joghurtbechern kann man hervorragend Osterdekorationen basteln, PET-Flaschen als Bewässerungssystem oder Stabilisierung für den Garten verwenden, Klorollen zu Musikinstrumenten oder Katzenspielzeug umfunktionieren, mit Zahnpastaresten CD-Kratzer entfernen und so weiter und so fort. Als Kind habe ich das alles gelernt, aber auch ein paar Freunde aus der Stadt konnten dies – sie hatten dann aber meistens ein Elternteil mit ländlicher Prägung. Versuch den Dorffluch – er ist simpel und kluch!

Klaps auf den Hintern

„Kai, wer hat dich entdeckt?", werde ich oft gefragt. Ist doch klar: die Hebamme meiner Mutter. Ich bin ja schon früh groß rausgekommen – nach acht Monaten mit fünf Kilo. 1984 sollte ich eine Hausgeburt werden, mein Vater hatte aber solche Bedenken, dass er meine Mutter Karin zum Entbinden ins Krankenhaus fuhr. Damals kamen auch schon die Unterwassergeburten in Mode, das lehnte mein Herr Vater aber rigoros ab („So lange kann ich nicht die Luft anhalten."). Und so kam es dann am 03. Mai dazu, dass meine Mutter schrie: „Ich hab' mein Wasser verloren!" und mein Papa zurückschrie: „Dann schütte dir doch ein neues ein!" Doch dann wurde er der brenzligen Lage gewahr und ging im Kopf seine To-do-Liste durch: Was musste er alles für meine Mutter für das Krankenhaus einpacken? Das Packen des Autos glich einem Tetrisspiel, vier Koffer mussten in einen Mercedes 250D geschoben werden – mein großer Bruder (damals fünf Jahre alt) hatte Glück und wurde auf die Rückbank gesetzt. Unser Kater verbrauchte eines seiner sieben Leben, weil er aus Versehen zwischen den Koffern schlief und jetzt wie ein dicker Garfield an die Scheibe gedrückt wurde. Das Auto schoss ab wie Raumschiff Enterprise nach der Generalüberholung, erst hundert Meter hinter der Dorfgrenze fiel meinem Vater auf, dass er meine Mutter vergessen hatte. Im St.-Nikolaus-Stiftshospital ging meinem Vater dann tatsächlich gehörig der Stift, aber er ließ sich nichts anmerken, packte mein Mutter auf die Trage, setzte meinen Bruder daneben, hielt mit der rechten Hand die Koffer (das lässt man ja nicht im Auto, könnte ja aufgebrochen werden) und manövrierte die Trage mit der linken Hand durch die Gänge. Zu Hilfe eilenden Krankenschwestern raunzte er zu: „Ich weiß, was zu tun ist, ich habe bei Misthaufens Tom schon geholfen, als ein Kalb zur Welt kam." Die Schwestern nickten eifrig, sie kamen ebenfalls vom Dorf, und rannten meinem Vater samt der Trage hinterher. Es sah aus wie eine Polonaise im Duracell-Modus. Mit einem gezielten Kofferwurf drückte er den automatischen Türöffner des Operationssaals, und es konnte losgehen. Den Chefarzt hatte die Trage schon erwischt, als dieser gerade vom Klo kam, er lag also auf meiner Mutter und führte die ersten obligatorischen Untersuchungen durch. Die Schwestern brauchten drei Beruhigungstabletten, eine Infusion Kochsalzlösung und viel Zureden, um meinen Vater ruhigzustellen. Die Geburt verlief ohne Komplikationen, ich begann sofort zu lächeln, bekam den typischen Klatscher auf den Hintern und mein Bruder rief: „Und jetzt noch einen ins Gesicht, was kommt der auch so, dass ich ‚Die Schlümpfe' verpasse?"

Wenn du als zweitgeborenes Kind aufwächst, lassen deine Eltern es in der Erziehung lockerer angehen. Der

Zweitgeborene wird auch mehr von der Mama verwöhnt, falls es das letzte Kind ist. Auf dem Dorf gibt es Familien mit bis zu sechs Kindern – die Winterabende sind lang und die Hobbys rar gesät. Es gibt in Nickenich sogar eine Familie mit sechs Jungs; und die heißen alle Klaus. Deren Mutter erklärte mir mal: „Wenn ich Essen gemacht habe, rufe ich: ‚Klaus, Essen ist fertig!' – und alle kommen. Wenn Schlafenszeit ist, rufe ich: ‚Klaus, ab ins Bett!" – und alle gehen in die Koje." Ich fragte sie dann, was geschehe, wenn sie ein einzelnes Kind speziell meine: „Ach, dann rufe ich den Nachnamen." Aber von Kind zu Kind werden die Eltern ruhiger, das sieht man beispielsweise, wenn ein Kind hinfällt:

Beim 1. Kind: „Schnell, sofort in die Uniklinik!"
Beim 2. Kind: „Ich nehme den in der Mittagspause zum Arzt mit."
Beim 3. Kind: „Komm, ein Pflaster drauf."
Beim 4. Kind: „Guck mal, einmal pusten, schon ist gut."
Beim 5. Kind: „Jetzt blute nicht den Teppich voll!"
Beim 6. Kind: „War irgendwas?"

Auf dem Dorf heißen Kinder auch noch normal: Peter, Stefan, Michael, Thorsten, Tobias, Thomas, Klaus, Johannes etc. In der Stadt findet man Namen wie „Malte", „Sören" oder meinen Lieblingsnamen „Jeremy Björk." Solche Namen kauft man als Regal bei Ikea, aber danach fragt man doch nicht im Kindergarten. Ein Cousin von mir hat es sehr schwer, er heißt Noah Jerome. Die Eltern wohnen natürlich in der Stadt. Noah Jerome ist natürlich auf der kreativen Waldorfschule; er tanzt aber so schlecht, die denken alle, er hieße Uschi. Der Junge hat es nicht einfach, kam mal heulend zu meinem Vater und beschwerte sich: „Onkel Karl, der Nils hat zu mir in der Schule gesagt, ich sei eine schwule Sau." Mein Vatter: „Dann hau dem doch mal eine runter!" „Ne, der ist so süß."

Wir waren mit der Familie mal im Zoo und da hat Noah Jerome meinem Vater nur blöde Fragen gestellt: „Onkel Karl, warum guckt der Gorilla so böse?" „Sei still, wir sind noch an der Kasse." Mein Vater hatte das damals mit mir im Zoo pädagogisch nach Dorfart geregelt; er meinte: „Kai, guck dir das gut an! Das sind die Störche, die bringen die Kinder – das sind die Flamingos, die bringen die schwulen Kinder – und das sind die Krokodile, die fressen die Kinder, die blöde Fragen stellen." Da wusste ich was Sache ist.

Zu meckern hatte ich ohnehin nicht viel, denn das Leben war so und man hatte ja damals ohne Internet noch keine Vergleichsmöglichkeiten. Markenklamotten? Fehlanzeige. Man musste die Klamotten seiner älteren Geschwister auftragen. Dies galt auch, wenn auf dem Pullover stand „Alles Gute zum 8. Geburtstag, Lars." Ich hatte noch Glück, meinem Nachbarn Thomas erging es schlimmer, denn er besaß nur eine ältere Schwester. Auch Schuhe und Sandalen wurden von den älteren Geschwistern aufgetragen. Ich bekam sogar die Schultüte meines Bruders, darin fand ich noch ein Hanuta mit einem Aufkleber von Toni Schumacher. Es gab also keinen Neid oder keine Missgunst, denn alle sahen so aus wie man selbst. Hornbrillen mit kugelsicherem Glas, mit denen man aussah wie Mesut Özil im Goldfischglas. Die trug jeder, auch diejenigen, die kein Augenleiden hatten – denn spätestens nach zwei Wochen mit diesen Brillen hatte man eins. Wenn damals ein Kind verschollen gegangen wäre und die Polizei eine große Suchaktion begonnen hätte, sie hätten an jeder Ecke gebrüllt: „Wir haben ihn." Übrigens: Wenn auf dem Dorf ein Kind verschwindet, druckt sein Gesicht nicht auf Milchtüten, besser auf Bierflaschen – ihr wollt doch, dass es gefunden wird. Als Baby nimmt man die Welt um sich herum sowieso noch nicht richtig wahr. Meine frühesten Erinnerungen habe ich an Karneval, denn ich wurde schon früh zum Fastnachter erzogen. Alle zwei Jahre ging – und geht immer noch – der Karnevalsumzug bei uns durchs Dorf. Und ich durfte mit meiner Mutter immer mit, die ersten Male als kleiner Marienkäfer oder Drache im Kinderwagen. In Tschernobyl damals gang und gäbe, aber in der Eifel ein Fest der Freude. Da sah man das ganze Dorf am Wegesrand stehen und das Tolle war: Jeder war gleich, ob nun Uniprofessor oder Bauarbeiter, und jeder feierte mit jedem, es wurde gesungen und geschunkelt und wenn ich an dieses Gemeinschaftsgefühl denke, kriege ich heute noch Gänsehaut. Vermutlich habe ich deswegen auch meine ersten Schritte als Komiker auf den Fastelovendsbühnen gemacht. Wenn es mir schlecht geht, spielt einmal das „Trömmelche" von den Räubern und mein Herz lacht. „Wo man singt, da lass dich nieder, böse Menschen haben keine Lieder!" – ein kluger Spruch meiner Oma. Großeltern trugen damals auf dem Dorf noch sehr zur Erziehung bei. Man freute sich immer, zu Omma und Oppa zu gehen, denn da gab es Eis (meistens „Brauner Bär" – wenn man das heute bei einer Bedienung bestellen würde, hätte man sofort eine Klage am Hals) und man wurde verwöhnt, wobei auch Strenge damals auf dem Plan stand – und das hat uns nicht geschadet. Mit anti-autoritären Methoden zieht man sich heute doch nur kleine Arschlöcher heran, die ohne Mama nix gebacken kriegen und der Untergang einer selbstbestimmten Gesellschaft sind. Wartet ab, in ein paar Jahrzenten warten vier studierte Fachhohlbirnen auf einen 60-jährigen Handwerker – und der kommt vom Land. Wir mussten vor dem Essen noch beten – wenn Papa kochte, nach dem Essen. Einmal hatte er mich erwischt, wie ich den Teller unter dem Tisch heimlich dem Hund geben wollte: „Du willst das Essen doch nicht dem Hund geben?" „Nein Papa, ich wollte nur tauschen."

Als dreijähriger Bub setzte ich mich auch immer mit der Sonnenbrille und meiner Kindergitarre auf den Baby-topf und sang Heino. Ein Heranwachsender sang also Lieder von Heino und saß dabei auf dem Klo – heute singt Heino Lieder von Heranwachsenden und es ist fürs Klo. Aber Kreativität war bei uns immer gefragt, ständig bastelten wir oder führten kleine Theaterstücke auf. Im Kindergarten ging das sogar weiter. Meine erste große Rolle hatte ich als Bettler im Sankt-Martin-Stück. Damals passte mir auch noch ein halber Mantel. Wir spielten,

spielten und spielten – und am Wochenende spielten wir weiter, denn alle Kinder wohnten nur drei oder vier Straßen voneinander entfernt. Die Eltern kannten sich und viele Mütter benutzten den nachmittäglichen Aufenthalt im Kindergarten für einen Kaffeklatsch. Es war quasi wie Starbucks nur mit Kindergeschrei – okay, es war wie Starbucks. Die Kindergärtnerinnen konnten damals auch noch drohen mit: „Wenn du nicht brav bist, sage ich das deinem Vater!" Denn erstens hatte man nur einen und zweitens sahen sich Vater und Kindergärtnerin mindestens einmal monatlich in Dorfvereinen oder Bürgersitzungen. Heute stelle ich mir das schwierig vor, wenn Kevin und Chantal sich streiten.

Kindergärtnerin: „Kevin, ich sage das deinem Papa Steven!"

Kevin: „Steven ist nicht mehr mein Papa!"

Kindergärtnerin: „Wen habt ihr denn jetzt?"

Kevin: „Nach Steven kam Joe und jetzt heißt der Papa Chuck."

Chantal: „Och der ist super, den hatten wir auch schon!"

Ich durfte auch immer mit der Kindergärtnerin heimgehen, denn sie wohnte einen Hof (unsere Straßen waren meistens nach einem Hof benannt: Erlenhof, Tannenhof, Lärchenhof etc.) von uns entfernt. Es ist doch beruhigend, wenn du morgens das Haus verlässt und der Nachbar grüßt dich. Mein bester Freund – auch Dorfkind – musste mal beruflich eine Zeit lang in München wohnen, und es war für ihn der absolute Horror. Nicht nur weil ihn die Großstadt mental erschlug, nein, auch die fehlende

Nachbarschaft war kaum zu ertragen. Er wohnte zwar in einem Mehrparteienhaus, aber außer „Morgen" und „Guten Tag" brachte dort keiner einen Satz über die Lippen. Das Problem der anonymisierten Gesellschaft, da ist es kein Wunder, wenn Nachbarn erst Wochen nach ihrem Tod gefunden werden. Von uns kenne ich das noch, dass mein Vater „mal eben" zum Nachbarn ging, um sich eine Leiter auszuleihen und zwei Stunden später besoffen heimkam – ohne Leiter. Da wird spontan in der Garage einer getrunken, da macht man Fronleichnam ein Straßenfest, grillt und klönt und hat einfach eine gute Zeit. In München waren die Wände so hellhörig, wenn die Nachbarn Sex hatten, brauchte mein bester Freund eine Zigarette. Ich habe ihn dort mal besucht und fragte: „Sind die Wohnungen hier wirklich so hellhörig?" „Ja, sehr." Ich sagte: „Wie bitte?" Und mein bester Freund: „Ich habe nix gesagt, das kam aus der Nachbarwohnung."

Bärentöter unter der Decke

Auf der Sankt Arnulfus Grundschule in Nickenich verbrachte ich die vier schönsten Jahre meines Lebens – das dritte Schuljahr. Kleiner Scherz, ich bin tatsächlich nie sitzen geblieben und konnte mich immer so durchmogeln. Meine Klassenlehrerin in den ersten zwei Jahren war eine Frau, die drei Häuser weiter von uns wohnte: Frau Scherzenbach. Ich traute mich nicht, irgendeine Dummheit zu begehen und wenn doch, dann verbrachte ich ganze Nachmittage damit, abzupassen, wann Frau Scherzenbach das Haus verließ, während ich versuchte, meine Mutter unter einem Vorwand im Haus zu behalten. Hauptsache, die zwei trafen sich nicht. Auch wenn wir draußen auf der Straße spielten und ich im Augenwinkel Frau Scherzenbach am Fenster stehen sah, war ich das bravste Lamm vom ganzen Erlenhof und maßregelte die anderen Kinder: „Thomas, benimm dich doch mal!", „Daniel, das sagt man nicht!", „Sonja, man streckt Menschen nicht die Zunge raus!" Sobald meine Lehrerin weg war, wurde ich zum wilden Spanferkel und raufte mich mit meinen Altersgenossen. Apropos Spanferkel: Mein Vater erzählte mir früher immer, dass Äpfel giftig seien, weil die meisten Spanferkel daran sterben; die hätten die

Äpfel ja schließlich immer im Maul, wenn sie über dem Spieß geröstet wurden. Mein Papa hat seine eigene Art von Humor – gut, dass ich diese geerbt habe.

Nur einmal wurde ich von meiner Klassenlehrerin streng gemaßregelt, sodass meine Mutter in die Schule einbestellt wurde. Es ging in Sachkunde um abstraktes Denken und Frau Scherzenbach vollzog folgendes Experiment an mir:

„Kai, stell dir einmal Folgendes vor: Du siehst etwas, das ist klein, grün und hüpft über die Wiese."

„Frau Scherzenbach, das ist bestimmt ein Frosch!"

„Richtig, aber bedenke, es könnte auch ein Grashüpfer sein! Zweites Bespiel: Rund und rot!"

Während mir sofort die giftigen Äpfel in den Sinn kamen, antwortete ich: „Äpfel sind das."

„Richtig, aber bedenke, es könnte auch eine Tomate sein. Es gibt im abstrakten Denken nicht DIE eine Lösung."

„Frau Scherzenbach, darf ich das auch mal mit Ihnen probieren?"

„Natürlich Kai!"

„Also, wenn man es reinsteckt, ist es lang und hart, und wenn man es rausholt, klein und schrumpelig."

Die Gesichtsfarbe von Frau Scherzenbach wechselte zwischen Alpinaweiß und Heinz-Curryketchup, wobei die rote Sauce überwog, sie fuhr aus der Haut: „Du bist richtig versaut für dein Alter."

Ich lächelte zurück: „Richtig Frau Scherzenbach, aber bedenken Sie, es könnte auch ein Kaugummi sein!"

Klassenkonferenz und meine Mutter musste wegen dieses Vorfalls in die Schule. Als sie davon hörte, gab sie mir Stubenarrest. Als mein Vater davon hörte, gab er mir ein Spanferkel aus.

Wenn ich mit einer schlechten Note heimkam, gab es von meinen Eltern eine Standpauke – heute bekommt der Lehrer sie („Wie können Sie meinem Sohn eine 5 geben?"). Mit Stubenarrest konnte man damals Kinder bis ins Mark kränken. Heute müsste man sie als Strafe jeden Tag raus zum Spielen schicken – ohne Verlängerungskabel für die Xbox. Und im Zimmer, liebe Kids, konnte man nicht an den Computer oder mit dem Handy spielen oder DVD schauen – das gab es alles noch nicht. Wir hatten eine Möglichkeit, uns die Zeit zu vertreiben, und das war Lesen. Bücher! Also viele Blätter mit Wörtern. Wenn ihr es bis zu dieser Stelle in meinem Buch geschafft habt, sage ich euch HERZLICHEN GLÜCKWUNSCH. In den hinteren Kapiteln kommt zur Belohnung etwas mit Busen und Schweinerein – wo, sage ich natürlich nicht, damit ihr brav weiterlest. Ich verspreche auch, es wird nichts Kompliziertes kommen. Desoxyribonukleinsäure ist eine Nukleinsäure, die sich als Polynukleotid aus einer Kette von vielen Nukleotiden zusammensetzt. Oh sorry, das war nicht von mir – mein Ghostwriter, Karl-Theodor zu Guttenberg, will immer zeigen, dass er einen Doktortitel besitzt. Ich las damals sehr viel TKKG und Karl May – man sieht, dieser großartige Schriftsteller ist generationenübergreifend – auch nachts, heimlich mit der Taschenlampe unter der

Bettdecke; okay, während meiner Pubertät war dort auch Licht, aber nur weil ich einen kleinen Kühlschrank mit ins Bett nahm. Im Prinzip hat sich dieses Verhalten bis heute nicht geändert, wenn ich daher jungen Eltern einen Tipp geben darf: Zwingen Sie ihr Kind zum Lesen. Nirgends lernt es besser die Rechtschreibung und Freiheit der Gedanken wie durch Bücher. Erfreulicherweise tun dies viele Kinder heutzutage auch, das ist also weniger ein „Dorfding." Wir haben unter der Bettdecke „Winnetou" gelesen und wenn Nscho-tschi kam, hatten wir den Bärentöter in der Hand; heute lesen die Kinder „Harry Potter" und wenn Hermine kommt, wächst der Zauberstab. Das Fernsehen sollte mal wieder eine Winnetou-Verfilmung mit Originalbesetzung machen – Uschi Glas spielt den Lederstrumpf. Die Szenen aus den Büchern oder Serien, die wir gut fanden, haben wir dann draußen in der Natur nachgespielt, zum Beispiel wie Old Shatterhand an Pferde anpirschen …

In der Stadt stelle ich mir das schwierig vor – auf dem Land hat man als Pferd einen Mustang, in der Stadt fährt man einen Mustang. Wir spielten ganze Folgen von Turtles nach und waren dabei absolut gut. Was kamen wir manchmal dreckig nach Hause und die Mütter erlitten einen Schock. Nur Klementine freute sich, aus Liebe zur Wäsche.

In der Grundschule absolvierten wir auch noch den Fahrradführerschein. Das waren sehr lustige Stunden, da unser Dorfpolizist, Kellenschwenkers Christian, den Unterricht übernahm; und bei ihm gab es immer etwas zu lachen. Christian war ein Typ, der oftmals in der Verkehrskontrolle zu einem Fahrer, der sich weigerte, den Alkoholtest zu machen, sagte: „Sonst blase ich für Sie ins Röhrchen, dann ist der Lappen aber ein paar Wochen weg!" In dieser lockeren Atmosphäre fand auch unsere erste Fahrprüfung statt. Frau Scherzenbach kündigte eines Tages an: „Bringt nächsten Donnerstag bitte alle eure Fahrräder mit zur Schule – es wird für den Führerschein geübt." Das war in der vierten Klasse und da konnte man davon ausgehen, dass jeder ein Rad besaß – denn die Kommunion war noch nicht sehr lange her und neben einem sehr trockenen Hals von der Hostie (in einem Eifeldorf gab es bei der Gründung der Kirche 100.000 Hostien frei Haus geliefert und diese wurden verwendet, bis der Karton leer war. Man konnte sich deswegen wirklich den Leib Jesu darunter vorstellen, denn manche waren so alt, dass der Messias dieses Brot vermutlich beim letzten Abendmahl schon dem Kellner wieder mit zurück in die Küche gegeben hatte. Warum sollte er sonst das Brot brechen?!? Das schlägt halt auf den Magen und Kräuterbutter gab es damals nicht) bekam man auch eine gefüllte Geldbörse. Auf dem Schulhof wurde nachher – also am Dienstag nach der Kommunion, montags fuhr man ja ins Phantasialand – damit geprahlt, wer die meiste Kohle abgegriffen hatte. Deswegen kommt es ja vom Wort „communio = Gemeinschaft": Es ist gemein, wenn das einer schafft. Ich war es jedenfalls nicht. Aber der pekuniäre Betrag war trotzdem ordentlich und davon kaufte man sich direkt ein Fahrrad. Viele Kinder kennen ja nur den ersten Halbsatz aus Kommunionskarten, der lautet: „Kauf dir davon etwas Schönes ..." – den Rest liest keiner zwischen sechs und 17 Jahren, denn er heißt: „... oder spar das Geld!" Vor dem Kauf des Fahrrads musste ich jedoch noch einen Friseurgutschein springen lassen, weil ich mit der Kommunionskerze die Frisur von Schnattermauls Jennifer versengt hatte. Was setzt sie sich auch in die Bankreihe vor mich, bei Fürbitten werde ich immer schläfrig.

Jedenfalls kam der Tag des Fahrradtrainings und wir präsentierten stolz unsere Drahtesel. Viele waren natürlich schon lädiert, da man auf dem Abenteuerspielplatz verschiedene Manöver ausprobiert hatte. Damals wusste man auch noch nichts von Fahrradhelmen, ich frage mich, wie wir das nur überlebt haben? Mein Verhältnis zum Fahrrad war schon immer etwas zwiegespalten. Natürlich mochte ich die schnelle Fortbewegung lieber als das Laufen, aber es war eben auch Sport und mit dem stand ich von Anfang an auf Kriegsfuß. Als dickes Kind ist jede Art von Schwitzen nur ein Ausdruck, dass deine Muskeln weinen. Meine Ertüchtigung erfolgte nur durch den Eiswagenfahrer Salmonellos Nino. Wenn dieser bei uns in die Straße kam und schellte, liefen wir dicken Pommespanzer mit einem Rotzfaden im Mundwinkel zu seinem Eiswagen – aber kurz bevor wir angekommen waren, fuhr Nino stets fünf Meter weiter. Nach mehrfacher Wiederholung produzierst du selbst Wassereis. Meine Kumpels liebten das Radfahren, deswegen musste ich zwangsläufig mit. Man kann es sogar eigentlich als meinen ersten Sex bezeichnen – unten quietschte es, und ich stöhnte. Dorfpolizist Christian erkannte meine Misere: „Wenn man dich beim Radfahren filmt und auf Zeitlupe stellt, bekommt man ein Standbild!" Ich war nicht der schnellste Fahrer unter der Sonne. Einmal rutschte ich mit dem Rad auf einer Schnecke aus, aber das Biest kam auch heimtückisch von hinten. Aber wir lernten bei Kellenschwenkers Christian viel, zum Beispiel ‚rechts vor links' – okay, das war's dann auch. Mehr brauchte man auf dem Dorf allerdings auch nicht, Ampeln gab es keine und auch spezielle Radwege vermissten wir. Die Straßen waren für Auto-, Rad- und Rollatorfahrer ausgelegt. Und wer böse gucken konnte oder bei seinem Gegenüber noch eine Rechnung offen hatte, der hatte eben Vorfahrt. Ich bestand meine Radprüfung, obwohl ich große Schwierigkeit mit dem Gleichgewicht hatte. Aber Christian kannte meinen Vater von den Schwarzbaustellen und so bekam ich den Wisch. Ich möchte mich heute noch bei allen Autofahrern entschuldigen, die hinter mir herfahren mussten, weil ich stur in der Mitte der Straße blieb. Hinter mir war eine Schlange, es wurde gehupt und gebrüllt. Vielleicht bin ich der inoffizielle Erfinder des Autokorsos. Wenn ich heute durch die Stadt gehe, vermisse ich die Zeit. Denn wie ist es heute: Alle maulen über die Spritpreise, fahren aber dann mit ihrem SUV zum Fitnessstudio, um dort Fahrrad zu fahren.

Ich vermisse auch die sportliche Ertüchtigung von damals, denn man war mit den Freunden nur draußen auf der Straße spielen und bewegte sich dabei automatisch.

Auch auf dem Bolzplatz, wo wir ein paar Bälle traten, fand automatisch körperliche Ertüchtigung statt: Wer das Tor erwischte, bekam zehn Punkte, wer die Fensterscheibe von Frau Kühmert erwischte, 20 und wer Frau Kühmert erwischte, war unser Klinsmann. Auch Klingelmännchen liebten wird. Mein Freund Georg war derjenige, der bei diesem Spiel am schnellsten weglaufen konnte. Das Klingeln plus Fluchtergreifen erfolgte in unter zwei Sekunden – er ist heute Paketfahrer bei DHL. So hatten alle Kumpels ein besonderes Talent beim Spielen. Dennis konnte sich so verstecken, dass ihn keiner auf Anhieb fand – er arbeitet jetzt als Verkäufer im Baumarkt. „Mama, ich geh' raus spielen!", war wohl der häufigste Satz in unserer Kindheit. Jeden Tag war etwas anderes geboten. Liebe Kids, es war wie Playstation, nur dass wir selbst die Spielfiguren waren. Wir führten oft Rollenspiele auf, die meistens sehr klassisch mit Cowboy und Indianer zu tun hatten. Als eifrige Karl-May-Leser versuchten wir, unseren Vorbildern gerecht zu werden. Ich wollte immer Old Shatterhand sein, wurde aber als Sam Hawkens besetzt (der kauzig-lustige Sidekick des strahlenden Helden). Der Spielplatz in der Arnulfusstraße war das Lager der Apachen. Krampfaders Elvira, die alte Nachbarin des Spielplatzes, die immer kam, um sich wegen der Lautstärke zu beschweren, war bei uns der Lederstrumpf, der das Gebiet feindlich einnehmen wollte. Sie sah auch wirklich aus wie eine dieser alten Taschen, die bei unseren Großmüttern am Schrank hing – und wenn sie sich beschwerte, glitt ihr Gebiss immer etwas aus dem Oberkiefer, was zur Folge hatte, dass sich die ersten Worte wie Indianergeschrei anhörten: „Hey do ihr do wir do …!" Sie hatte einen Stuhl in ihrem Garten stehen, an den angeleint ihr alter Bernhardiner Otto lag. Dort schälte sie Kartoffeln oder wartete darauf, dass Kinder wieder zu laut spielen. In unserer Wild-West-Vorstellung waren ihre Krampfadern eine Landkarte zu einem Schatz, den es in Nickenich zu finden gibt. Also wollten wir mit aller Macht dort hin. Die bis dato verfeindeten Indianerstämme (jede Straße in meinem Wohngebiet namens „Heidental" hatte ihre eigenen Rothäute: „Die Indianer des Stammes zur Lärche" etc.) rauchten eine Friedenspfeife – die leckeren Schokoladenzigaretten brannten auch echt gut. Wir legten uns mit dem Fernrohr auf die Lauer – dies war eine alte Zewa-Rolle. Von meinem Vater klaute ich an diesem Tag die Fotokamera, und zwar die erste mit Mega-Zoomfunktion. Das Objektiv war so groß, wenn du zu nahe am Fotomotiv standest, hattest du ein Röntgenbild. Die Firma nennen wir nicht, wir wollen hier schließlich keine Schleichwerbung machen – da canon wir nix. Heute gibt es eine Digitalkamera, damals nannten wir das Vehikel „Genitalkamera", denn – der Pubertät geschuldet – hielt man es oft in seinen Lendenbereich und schrie: „Guckt mal, was ich für ein Rohr habe!" Viele Comedyshows auf RTL wären ohne solche Gags inhaltsleer. Um zu Krampfaders Elvira vorzudringen, mussten wir nur den großen Hund Otto wegschaffen, denn er war gefährlich: Er biss nicht, er schluckte – und zwar im Ganzen. Den Bernhardiner hatte mal fast die Nachbarkatze umgebracht, beziehungsweise er ist fast an ihr erstickt. Im Dorf gab es die Metzgerei Lackfall – dort sollte uns ein Fleischwurstkringel helfen, die Bestie Otto abzulenken. Dennis' Schwester, Hohlbirnens Annika, arbeitete dort als Fleischereifachverkäuferin, und wir haben sie mit einen Poster von Caught in the Act, das jemand unbemerkt aus der Bravo im Supermarkt gerissen hatte, bestochen. Annikas Vorstellungsgespräch konnte übrigens in dieser Form nur auf dem Dorf erfolgen:

Metzger Lackfall: „Annika, ich habe einige Fragen an dich und dann entscheiden wir, ob wir dich einstellen."

Annika: „Okay."

Metzger Lackfall: „Wie viel Gramm hat ein Kilo?"

Annika: „750!"

Metzger Lackfall: „Klasse, du fängst morgen bei uns an!"

Mit der Wurst bewaffnet, machte sich der Indianerstamm auf zu Lederstrumpf. Die Bestie Otto lag auf der Terrasse und gähnte in den Frühling. Mit einer selbst gebauten Angel platzierten wir den Köder im Garten. Und der Köter mochte den Köder: Er sprang bellend auf und zischte ab wie Jürgen Hingsen beim Frühstart.

Nun konnten wir natürlich nicht ahnen, dass Elvira die Leine immer an ihrem geliebten Gartenstuhl befestigte, auf dem sie just in diesem Moment saß. Die Leine spannte und Krampfaders Elvira folgte Otto, indem er den Stuhl samt Frauchen meterweit hinter sich herzog. Erinnern Sie sich noch an das Wagenrennen in Ben Hur? Durch

Elviras Gewicht sprühten Funken auf den Keramikplatten, der Ghost Rider der Eifel. Ich sprang aus meinem Versteck und rannte hinterher, um ein Foto der Krampfaderlandkarte zu machen. Leider hielt Otto mich mit meinem Indianerfederschmuck für einen dicken Fasan und wechselte die Richtung, die Wurst war ihm jetzt offensichtlich vollkommen wurst. Was soll ich sagen? Eine zerrissene Hose und zwölf pechschwarze Fotos waren der Lohn. Ich sagte doch schon: Ich bin ein Dorfkind. Woher sollte ich bitteschön wissen, dass auf einem Objektiv noch eine Schutzkappe ist?

Klingelbeutels Sepp

Wenn das Heimatdorf unmittelbar neben dem Kloster Maria Laach liegt, ist man kirchlich geprägt. Meine Eltern waren nicht sehr gläubig, aber die Kirche gehörte zur Tradition und auch der Gottesdienstbesuch wurde einmal im Monat zur Pflicht. Nach der Kommunion hieß es in der Schule: „Wer möchte Messdiener werden?" Da diese Gemeinschaft die einzige ungestörte Ansammlung junger Menschen bei uns auf dem Dorf war – Pfadfinder gab es nicht und das Wort Jugendzentrum lag noch in weiter Ferne –, gingen fast alle Finger hoch und so lernten wir Dorfkinder die schönste Zeit unseres Lebens kennen. Heute höre ich von Landstrichen, in denen es drei Messdiener gibt und jeder Pastor sechs Gemeinden betreuen muss. Wir waren alleine in unserem Dorf 36 Messdienerinnen und Messdiener und hatten einen Geistlichen, der nur für unseren Ort abgestellt war: Klingelbeutels Sepp. Vielleicht hatte Nickenich so viel Dreck am Stecken, aber damals war es gang und gäbe, dass ein Pastor seine Schafe in einem Dorf hütete und unmittelbar mit seiner Haushälterin neben der Kirche wohnte. Sepp war eine Klasse für sich, von ihm stammt zum Beispiel der Ausspruch: „Dass das Zölibat abgeschafft wird, werde ich nicht mehr erleben, aber vielleicht meine Kinder." Wenn ich gleich noch Zeit habe, erinnern Sie mich bitte daran, dass ich Ihnen erzähle, wie der Name Maria Laach seiner Meinung nach entstanden ist; aber nur, wenn wir noch Zeit und Sie nichts anderes vorhaben. Vorher ist nämlich eine andere Story sehr wichtig, um Sepps Wesen und damit unsere Sozialisierung durch den katholischen Glauben zu beschreiben.

Im Brohltal, einem Gebiet in der Nähe meiner Heimat, gibt es einen Traditionsbetrieb: Holzbau Emmers. Dort gab es einen regional bekannten Schreiner, der heute schon im Ruhestand ist: Holzwurms Pitter. Pitter war kein fleißiger Arbeiter und kein sehr schlauer Zeitgenosse. Der Lehrer sagte damals zu ihm in der Schule: „Pitter, von dem, was du nicht weißt, können noch drei andere sitzen bleiben." Er warf mal drei Packungen Nägel weg, weil sie seiner Meinung nach den Kopf unten hatten. Dann behielt er sie aber doch mit der Begründung: „Falls ich mal nach oben hämmern muss." Leider war Pitter aber ein Langfinger und stahl jeden Tag in seiner Arbeitstasche Holzscheite, mit denen er daheim den Ofen befeuerte. Dieser Kleptomanie frönte er bestimmt 25 Jahre, bis ihn eines Tages das schlechte Gewissen einholte und er seine Vergehen reumütig seinem Chef beichtete. Dieser wurde sauer und griff zum Taschenrechner: „Pitter, bei aller Liebe, du hättest das Zeug doch zum Einkaufspreis bekommen! 25 Jahre lang jeden Tag eine Arbeitstasche voll Holzscheite? Das macht zusammen drei LKW-Ladungen Holz, das geht nicht!" Jetzt zählt auf dem Dorf aber das Herz mehr als der Verstand und so bekam Pitter noch eine Chance – er sollte dies in der Kirche beichten. Pitter ging also zu uns in den Beichtstuhl – von Dörflern liebevoll verzierter Wandschrank genannt – und erklärte: „Ich habe gesündigt, ich habe auf der Arbeit 3 LKWs voller Holzscheite geklaut!" Von der anderen Seite hörte man nach einem kurzen Räuspern Sepps Stimme: „Bist du vollkommen bescheuert? Hättest du jeden Tag eine Arbeitstasche mitgenommen, wäre das keiner Sau aufgefallen!"

Den katholischen Glauben muss man auch erst einmal verstehen, ich habe das in meinen frühen Messdiener-jahren gelernt. Als kleines Kind habe ich jeden Abend gebetet: „Lieber Gott, bitte schenk mir einen Fußball, lieber Gott, bitte schenk mir einen Fußball!" Aber nichts ist passiert – also habe ich einen geklaut und um Vergebung gebeten – viel besser! Drei Vaterunser und das Ding war mir. Wo findet man solch ein Preis-Leistungsverhältnis? Viele haben ja eine Karte fürs Fitnessstudio, sie sind aber nicht Mitglied, sondern eher Sponsor: Man geht nicht hin, weiß aber, dass man die Karte im Portemonnaie hat und erlangt deswegen ein gutes Gewissen („Ich könnte ja hingehen!"). Das kostet Sie aber mindestens 15,00 Euro im Monat! Berechnen Sie mal die monatliche Kirchen-steuer, das kommt billiger – und man weiß: „Ich kann Scheiße bauen, einmal beichten und der Quatsch ist weg!" Quasi McFit für die Seele.

Wir haben uns als Messdiener auch immer um die Position am Weihrauchfässchen geprügelt. Naja, Eifeldorf eben – wir hatten nichts, noch nicht mal Pubertät – dieser Weihrauch, das war unser Kiffen! Ich weiß ja nicht, welche Substanzen die katholische Kirche da verwendet, aber wir haben eine Woche lang von rosa Elefanten bis Elvis alles gesehen. Meistens hatte es der Streber Benjamin in der Hand, weil er von seiner Mutter schon um 13.10 Uhr an der Schule abgeholt wurde und bei unserem Eintreffen in die Sakristei mit dem brennenden Handtäschchen – Messdienerjargon für Weihrauchfass – neben dem Pastor stand: „Ich habe mir schon etwas ausgesucht, das macht euch doch nichts aus, oder? Ich nehme das Weihrauchfässchen." Er hat dem Pastor auch immer die Kerzen angemacht und das Buch aufgeschlagen. Sepp sagte damals: „Benjamin, wenn du mal eine Frau bekommst, wirst du sie sehr glücklich machen; die braucht sich ja daheim um nichts zu kümmern." Heute wohnt er in Köln und seine Frau heißt Achim. Dann hatten wir noch den hibbeligen Walter – der Walter hatte damals schon ADHS, die Aufmerksamkeitsdefizit-/Hyperaktivitätsstörung. Dafür gibt es heute Tabletten und im Unterricht müssen extra Pausen eingelegt werden. Damals war das anders: Wenn Walter zu nervig wurde, haben wir ihm eins vor den Kopf geklatscht, dann war wieder für zwei Stunden Ruhe. Bei der Messe verschlimmerte aber das Adrenalin seine Störung, und er konnte nicht vier Sekunden still auf einer Stelle stehen; leider hatte er die Position an den Kirchenschellen – und Walter schellte durchgängig.

Ob Fürbitte oder Vaterunser – das war ihm egal, es wurde gebimmelt bis zum Heiligen Bimbam. Walter hatte sogar Variationen drauf, bei ihm hörte sich ‚Großer Gott, wir loben dich‘ wie ‚Schöne Maid‘ an. Da war eine Stimmung in der Kirche, besser als auf jeder Karnevalssitzung. Walter konnte nichts von Johann Sebastian Bach, aber alles von Jürgen Marcus und Bata Illic.

Irgendwann erkrankte Sepp und ein Pater des Klosters Maria Laach übernahm als Aushilfe. An diesem Mann sah man, was 60 Jahre intensives Weihrauchinhalieren aus Menschen machen kann: eine Frisur wie die Motorhaube seines Renault Twingos und ein Gesichtsausdruck wie ein Meerschweinchen in der Achterbahn. Er trug auch die typische Dorfbrille mit Gläsern, die die Augen so groß machen, dass dein Gegenüber denkt, es würde mikroskopiert. Wir Messdiener haben regelmäßig Wetten darauf abgeschlossen, wann es ihn mit dem Bottich voller Weihwasser hinhaut. Selbigen hatten wir vor der Messe natürlich bis zum letzten Tropfen gefüllt. Wenn er damit zum Altar torkelte, wusste man: „Das geht nicht gut!“ Meistens haute es ihn auf der Stufe hin, und der Bottich flog wie Raumschiff Enterprise nach der Generalüberholung durch die Kirche. Das Weihwasser übergoss sich über die gläubigen Omas mit den betonierten Frisuren; sie saßen ab der zweiten Woche nur noch mit einem Regenschirm in der Kirche. Die Hauptfontäne erwischte den Kirchenchor, der danach daheim stets das Ave Maria aufbügeln musste. Okay, der Chor war nur am Wochenende vor Ort – in der Woche befand sich dort unser Lektor, Phrasendreschers

August. August war zwar sehr nett, aber er hatte ein Problem: sein Toupet. Nachdem die Wasserwelle auf ihn zugekommen war, saß er da mit seiner fleischfarbenen Badekappe, während sein Fiffi hinten an der Mutter Gottes hing. Das wiederum konnte Pater Nixnutzius mit seinen schlechten Augen nur sehr schlecht erkennen und bemerkte häufiger: „Wer hat denn die Katze hier hereingelassen?" Auch seine Predigten waren großartig: „Ich lese aus dem Buch der …, wat heißt dat? Kann ich nicht erkennen! Und suche uns nicht in der Unterführung? Ach so – und führe uns nicht in Versuchung!" Bei ihm ist Jesus nicht am Kreuz gestorben, sondern wurde auf der Kreuzung überfahren. Wenn dieser Pater Beerdigungsdienst hatte, war die Position am Weihrauchfässchen ein Sechser im Lotto. Denn er befüllte diesen nach dem Motto: „Für Weihrauch brauche ich keinen Löffel, ich mache das immer nach Gefühl mit der Hand." Was hat der den Kessel vollgepumpt, eine Rauchschwade entstand – es qualmte aus allen Ritzen. Regelmäßig kam der Wallach vom Bauern Schmitz vorbei, weil er dachte, das Martinsfeuer sei vorverlegt worden. Und stellen Sie sich das mal bei einer Beerdigungsprozession vor. Vorne der Benjamin mit dem brennenden Handtäschchen, dahinter der hibbelige Walter, der Smoke on the Water anstimmt – und die Trauergäste schnüffelnd hinterher. Wenn Gegenwind herrschte, kamen alle mit einem großen Grinsen auf den Friedhof: „Herr Pater, machen Sie noch einen Aufguss. Peace!" Wir standen manchmal schunkelnd am Grab und haben Junge komm bald wieder gesungen, so zugedröhnt waren wir.

Diese Geschichten verstehen Jugendliche heutzutage kaum noch, die interessiert nicht das Alte Testament, sondern das Testament vom Alten. Die kennen auch nicht „der Altar", sondern nur „Ey Alter!" Beim Vaterunser ist auch Fehlanzeige, aber bei „Deine Mudder …" punkten sie. Besuchen Sie aber mal auf einem Dorf eine Beerdigung, die ist lustiger als eine Herrensitzung im Münsterland. Einmal hatten wir eine Schwiegermutter beerdigt, da haben wir den Sarg zehn Mal hochholen müssen; so oft haben die Schwiegersöhne „Zugabe" gerufen: „Die ist uns ja an Heiligabend weggestorben, das war ganz überraschend – normalerweise hat uns Weihnachten nie Freude bereitet." Ein Dorftrunkenbold, Schluckspechts Edmund, wurde beigesetzt und seine Kumpels warfen Frikadellen – seine Lieblingsspeise in der Kneipe – ins Grab. Die Verwandten aus der Stadt, die nur Blumen als Grabbeilage dabei hatten, waren entsetzt: „Das ist Verschwendung, der wird die Frikadellen bestimmt nicht mehr essen!" „Ja, meinen Sie, der stellt Ihre Blumen noch ins Wasser?" Auf dem Dorf gibt es keinen großen Unterschied zwischen Hochzeit und Beerdigung – okay, auf der Beerdigung findet sich ein Besoffener weniger. Glauben Sie mir nicht? Gehen Sie doch mal zu einem Beerdigungskaffee oder Leichenschmaus oder, wie es bei uns Messdienern hieß, zu „Comedy mit Streuselkuchen." Dort waren wir Messdiener immer eingeladen und man erinnerte sich heiter an den Verstorbenen; die besten Anekdoten wurden ausgepackt. Das schweißt zusammen und stärkt die Zusammengehörigkeit. Gemeinsam Emotionen zu erleben, ist unbezahlbar.

Das konnten wir als Messdiener immer, denn jeden Freitag gab es die Jugendfreizeit für uns im Pfarrheim. Dort wurden Spiele organisiert, Filme geschaut (auf großer Leinwand „Das Leben des Brian") und über Gott und das Dorf – also die Welt – geklönt. Sogar ein Bandprojekt gab es, die Kapelle nannten wir „Freibier", und sie spielten aktuelle Cover sowie Evergreens. Bei jedem Auftritt waren die Säle rappelvoll; klar, stand doch auf den Plakaten „Heute Abend Freibier." Damit lockst du jeden Dörfler hinter dem Ofen hervor. Wir veranstalteten auch viele Fahrten, Zeltlager oder Tagesausflüge und konnten dort machen, was wir wollten, denn die Betreuer waren meistens granatenvoll. Ab der Firmung hatten wir ja den Heiligen Geist auf unserer Seite, was sollte da also groß passieren? Bei Nachtwanderungen schwammen wir heimlich im Freibad, während die anderen unsere Kleidung klauten. Es begann als Nachtwanderung und endete als Nacktwanderung. Wenn uns der Nachtwächter erwischte, konnten wir Messdiener es als einen Akt der Taufe ausweisen.

Ich hatte auch Freunde, die sich nicht den Messdienern anschlossen. An denen merkte man aber schnell, dass kein Gefühl oder keine Beziehung zum Dorf vorhanden war. Sie zogen auch irgendwann weg und sehen den Besuch der heimischen Eltern heute eher als Pflichtakt an. Das Dorfgefühl erkennt man nur in einer Gemeinschaft und dafür war meine Jugendzeit sehr prägend.

Ach so, das Kapitel ist eigentlich vorbei, aber Sie sollten mich doch an etwas erinnern. Genau, die Geschichte, wie Klingelbeutels Sepp uns das Wort „Maria Laach" erklärte.

Nun, wenn noch Zeit ist … Ich schaue mal gerade nach – ja, das nächste Kapitel lässt noch etwas auf sich warten, also folgt der Bildungsblock:

Maria Laach ist eine hochmittelalterliche und sehr berühmte Klosteranlage bei Mendig in der Eifel, gelegen am Naherholungsgebiet Laacher See.

Schlaue Erklärung: Das Wort Laach stammt vom Lateinischen lacus (= der See); Maria Laach ist also der See, der der Jungfrau Maria gewidmet ist.

Richtige Erklärung: Wo soll ich anfangen? Die älteren Leser werden sich ja noch an Maria und Josef erinnern. Und Josef war ein Kölner, ihn nannte man in Bethlehem „Zimmermanns Jupp". Jesus übernahm ja den Handwerksbetrieb seines Vaters und wurde deswegen „Zimmermanns Jupp singe Jung" gerufen. Okay, wenn Jesus Handwerker war, ist natürlich auch die Frage erlaubt, was er dem lieben Gott bei der Himmelfahrt als Anfahrtskosten in Rechnung stellte.

Warum war Josef Kölner? Weil die Kölner eines der ältesten Geschlechter der Menschheit sind. Schauen Sie mal Adam und Eva: Die Eva war eine geborene Schmitz. Wären Adam und Eva Eifelaner gewesen, wäre uns viel erspart geblieben: Die hätten den Apfel weggeschmissen und die Schlange gefressen. Heutzutage sieht man auf alten Bildern ja immer nur Maria mit dem Jesuskind, Josef ist nirgends abgebildet – die Erklärung ist ganz einfach: Der Jupp hat geknipst. Einer musste ja die Bilder machen, damals gab es schließlich noch keinen Selbstauslöser und SMS bedeutet damals noch so viel wie Steinmeißelservice.

In der Bibel ist Jesus jung, und plötzlich ist er Anfang 30: Seine Jugendjahre werden also gar nicht beschrieben. Warum? Weil der Jesus ein echter Schlingel war, auf dem Dorf würde man „Saupanz" sagen. Nur Blödsinn im Kopf. Der Jupp wollte ein lecker Kölsch trinken, da schnippte Jesus in die Finger und zack – war es Kamillentee. Der Josef wollte zwei Promille und bekam vier Kamille. Dann gab es natürlich Streitigkeiten wie nachmittags bei „Familien im Brennpunkt" auf RTL, denn Jesus war ja ohne Josefs Hilfe gezeugt worden. Letzterer war natürlich empört: „Ja, ja, Maria – der Heilige Geist war das, das kannst du dem Freudenmädchen Magdalena erzählen. Das war doch bestimmt der bofrost-Mann; der Kleine sieht mir doch gar nicht ähnlich." In der Jugendzeit von Jesus haben sie Familienausflüge unternommen und waren eines Tages am Laacher See. Nach einem Spaziergang sind sie zum Bootsverleih und sind ein paar Runden Tretboot gefahren. Aber der kleine Jesus, nur Blödsinn im Kopf, ist hin und zurück über das Wasser gelaufen, er ist zu den Enten gelaufen, schnippte und zack hatte er sie in Chicken McNuggets verwandelt. Maria schrie: „Großer Gott!" Da ertönte eine Stimme von oben: „Lass mich aus dem Spiel, du bist die Mutter, du sollst dich um die Erziehung kümmern."

Jetzt gibt es ein bekanntes Bild: Jesus mit Maria vor einem See – und das ist der Laacher See. Josef ist aber nicht auf dem Bild drauf. Und warum? Wie, Sie wissen das nicht? Weil er doch geknipst hat; es ist doch noch keine 30 Zeilen her, da habe ich Ihnen das erklärt. Marias

Laune war wegen der Vorkommnisse sehr getrübt, sie zog ein Gesicht wie Angela Merkel an schlechten Tagen und wollte partout nicht lächeln. Da rief ihr der Jupp auf Kölsch zu: „MARIA – ZIEH NIT ESU E FRESS – MARIA LAACH!"

Das hörte der erste Pater des Klosters, Weihrauchschwenkers Edgar, und dachte: „Der Name ist gut!"

So, durch diesen Exkurs kann das Buch wenigstens auf die Bestsellerliste der Sachbücher kommen.

Etwas auf dem Kasten haben

Am Ende der Grundschule muss jedes Kind auf eine weiterführende Schule. Das ist für ein Dorfkind der Moment, in dem er den Heimatort verlassen und tagsüber in eine Stadt muss, denn Dörfer verfügen meistens nur über Kindergarten und Grundschule. Nicht nur intellektuell wird der Schüler weitergeführt, auch geografisch. Die Stadt kennt man bis zum sechsten Lebensjahr nur als Verpflegungsstätte. Dort fährt man mit der Mutter hin, um Kleidung oder Essensvorräte zu kaufen. Wenn sich die Verwandtschaft für einen Feiertag ankündigt, sind die ja wie Ratten: Was sie nicht fressen, holen sie mit. Und manche Landstrecken sind so flach, da siehst du am Mittwoch schon, wer am Freitag zu Besuch kommt. Da muss man also einige Vorräte im Haus haben. Ohnehin denkt Deutschland ja, dass an einem Feiertag die komplette Lebensmittelzufuhr der Welt für immer einbricht und man unbedingt einen Tag vorher so viel einkaufen muss, als würde man sich für einen Atomkrieg eindecken. Es herrscht Ausnahmezustand in jedem Supermarkt. Deswegen ist das Thema „Stadt" nicht für jedes Kind positiv behaftet. Als Jugendlicher wird es übrigens besser, weil man dort in Discos und Kneipen gehen kann.

Kleidungskauf als Jugendlicher mit der Mutter ist auch nicht sehr angenehm. Man probiert als Stadtkind eine Hose in der Umkleide an und die Mutter sagt dezent: „Wenn du sie anhast, komm doch bitte kurz raus und zeig dich mal." Nicht so die Mama vom Dorf, sie schmeißt dir ein Dutzend Hosen in die Kabine und wenn du eine davon gerade in Höhe der Kniekehle hochziehst, reißt sie den Vorhang zur Seite und brüllt: „Passt dat?" Du stehst dort also in Unterhose, als wärst du gerade beim Onanieren erwischt worden, und der komplette Laden glotzt dich an. Wenn Mädchen deiner Klasse vor Ort sind, bist du die nächsten Tage besser krank.

Am Ende der Primarstufe erhalten die Eltern Empfehlungen für die Schule, auf die ihre Tochter/ihr Sohn gehen soll. Dort kommt es dann auch zu skurrilen Szenen:

„Herr Müller, Ihr Sohn sollte auf die Sonderschule."

„Warum nicht? Wenn er das Zeug dafür hat!"

Meine Empfehlung hieß: Gymnasium. Das war in Andernach, eine Stadt mit 30.000 Einwohnern und geografisch der Beginn des Rheinlandes. Die Realschule, auf die viele meiner Klassenkameraden gingen, war in Mendig, was zwar als Stadt zählt, aber mit 9000 Einwohnern und dem Sitz in der Eifel doch eher ländlich geprägt ist. Meine Eltern entschieden sich für die Realschule, damals unter dem Aspekt: „Da gehen ja 80% deiner Mitschüler auch hin!" Ich glaube bis heute, dass der Faktor „Dann ist der Junge doch noch eher in dörflichen Gefilden als in einer großen bösen Stadt." eine entscheidende Rolle bei ihrer Entscheidungsfindung spielte. Mendig war und ist tatsächlich toll – Andernach übrigens auch, das lernte ich aber erst zu schätzen, als ich nach der zehnten Klasse dort doch noch mein Abitur machte. In Mendig gab es im Laufe der Jahre nur einen Skandal: Eine bekannte Bäckerin posierte nackt in der Backstube und dieses Bild wurde auf der ersten Seite der BILD-Zeitung veröffentlicht. Wir Schüler dachten zuerst, das sei Werbung für die Bäckerei – für Quarktaschen und Kirschdreiecke.

Viele Touristen kamen in diese Stadt, beheimatet sie doch das deutsche Vulkanmuseum (Lava Dome). Außerdem kann man den Lavakeller 32 Meter unter Mendig besichtigen, dort, wo früher Steinmetze Basaltlava abtrugen. In frühester Vorzeit gab es dort 28 Brauereien, wovon heute noch eine übrig geblieben ist: das Vulkan-Brauhaus. Jeder in meiner Heimat geht dort mindestens zwei Mal im Jahr essen – und trinken. Trinken ist ein besonderes Stichwort in Mendig, denn es gibt dort ein Volksfest für den König Gambrinus, der als Erfinder des Bierbrauens gilt. Als Schüler gab es bei uns immer die Scherzfrage: „Wie lang muss ein Mendiger trinken, um auf zwei Promille zu kommen? Drei Tage nichts!" Ich kenne einen der Bierbrauer dort und der sagte: „Es ist so klasse, seitdem ich hier arbeite, bekomme ich pro Monat 14 Kästen vom Bier Vulkan-Bräu mit nach Hause." Ich war verdutzt: „14 Kästen, was machst du denn dann mit dem Rest?" „Den kaufe ich am Kiosk."

Die Leserinnen und Leser werden Mendig bestimmt vom Festival Rock am Ring kennen – dort war es ja zwei Jahre beheimatet und alle Medien berichteten.

Also, Sie sehen: Mendig ist eine sehr lebendige Stadt, die aber noch einen urigen Dorfcharakter hat. Dort ging ich von 1994 bis 2000 auf die Realschule. Meine Klassenlehrerin war Frau Rostmeier, die in der Stadt eine Eselfarm besaß. So verbrachten wir einige Freistunden bei ihr auf dem Gelände und lernten etwas Praktisches, etwas fürs Leben. Im fünften Schuljahr sollten wir dann auch unser Leben daheim mit den Tieren auf dem Bauernhof vergleichen. Ich schrieb: „Meine Mama ist die Kuh, und ich bin das Kälbchen. Papa ist der Bulle." Meine Mutter berichtigte mich: „Papa ist der Ochse, den Bullen kennst du gar nicht!" Wie ich im ersten Kapitel bereits beschrieb, war die morgendliche Frage „Kommt der Bus?" essenziell. Mittags dann war die Frage „Ist der Bus schon da?" überaus wichtig, denn man wollte natürlich schnell nach Hause, um die Nachmittagsunternehmungen anzugehen. Diese wurden mit den Freunden im Schulbus besprochen: „Was machst du heute?" „Keine Ahnung." „Super, ich bin dabei!" Warum sollte man heutzutage ein einfaches Minutengespräch zum Planen nutzen, wenn es auch kompliziert über 18 WhatsApp- und 23 Sprachnachrichten geht? Wir mussten die Kinder von Wassenach – ein Nachbarort – immer mitnehmen, deswegen hatte die Schule einen Doppeldeckerbus organisiert. Bei der ersten Fahrt war das ein geniales Bild. Unten saßen wir Nickenicher und oben die Wassenacher. Bei uns war während der Fahrt eine super Stimmung, nur von oben hörte man nichts. Ich bin die Treppe hinaufgegangen, dort saßen die Wassenacher angsterfüllt und weinend in ihren Sitzen. Ich fragte: „Warum scheißt ihr euch denn hier ein? Wir haben unten eine Riesenstimmung!" Da entgegnete einer der Schüler: „Ja, ihr habt ja auch einen Busfahrer." Das war auch zu viel verlangt: Bus und dann noch Doppeldecker – zu viel Technik ist für Dorfkinder schnell überfordernd.

Wenn man dann aber 18 wird, kann das Auto nicht genug Technik besitzen. Der Führerschein ist der Freischein zum Glück. Noch einmal liebe Stadtmenschen: Wir besitzen keine Straßenbahn, die uns alle paar Minuten von A nach B bringt, wir sind auf den Bus angewiesen. Und wenn man diesen nicht nutzt, kommt man ohne Führerschein niemals aus dem Dorf heraus. Dorfkinder erkennt man in der Fahrschule daran, dass sie schon mehr wissen als der Lehrer, denn jeder hat mit seinem Vater heimlich auf dem Feldweg Fahren gelernt. In der Stadt sagt der Fahrlehrer in der ersten Stunde: „So, schau mal, da ist das Gaspedal, da ist die Bremse und hier musst du die Kupplung drücken." Die Fahrstunde auf dem Land sieht dagegen etwas anders aus: „Du weißt es ja eh schon, also fahr uns mal zum Pizzamann! Ich habe Hunger!" Und 18-jährige Dörfler rasen! Wenn du neben denen an der Ampel anfährst, denkst du, du parkst rückwärts ein. Man erkennt sie oft am Böhse-Onkelz-Schriftzug auf der Heckscheibe und an der tiefergelegten Karre. Ich finde es immer lustig, wenn sie sich auf einer Landstraße ein Wettrennen und Kräftemessen liefern und wenn dann ein Traktor mit 25 Kilometer pro Stunde von einem Feld einbiegt. Auf manchen kurvenreichen Strecken siehst du einen Trecker und dahinter 18 Möchtegernraser – da sagen wir vom Dorf: „Das Safety Car ist draußen!"

Aber es ist das beste Gefühl, sich mit seinen Kumpels freitags um 20 Uhr in der Dorfkneipe zu treffen, um später noch in die Stadtdisco zu fahren. Und da bemerkt man auch wieder den Unterschied: Wenn du in der Stadt in einer Bar fünf Bier trinkst, bist du Alkoholiker – auf dem Dorf bist du der Fahrer. Wer freitags feiern geht, kann sonntags ausschlafen. Ich wusste lange nicht, was das Wort Komasaufen bedeutet – damals bei uns auf dem Land hieß das Vorglühen.

Als Pubertierende lernten wir schnell die wichtigsten Events auf den Dörfern kennen: die Junggesellenfeste. Und das Beste war: Die Partys waren immer die gleichen, nur das Dorf änderte sich. Es gab ein Zelt für 400 Personen, Getränke für 900 Mann und eine Coverband für drei Promille. Diese Band war auch immer dieselbe. Die Mitglieder lebten jahrelang von Junggesellenfesten in der Eifel. Man kam hin, traf die Leute von vorheriger Woche und ballerte sich einen rein. Irgendjemand hatte immer Geburtstag und gab die nötigen Runden aus. Einmal verkündete Flintenweibs Monika nachmittags, dass sie nun endlich ihre Tage bekommen habe – da gab der komplette Junggesellenverein abends einen aus. Es war sehen und gesehen werden. Draußen stand immer ein Bierbrunnen und abgelegen am Feldrand ein Toilettenhäuschen, auf das nie jemand ging. Ich frage mich, was diese Häuschen für einen Sinn haben. Ich glaube, sie sollen den Männern zeigen: „Hier hinter darfst du ins Gebüsch machen!"

Jeder Mann ging torkelnd darauf zu und bog vor der Treppe in die Hecke ab. Wenn man einen traf, hieß es: „Na, gehst de auch schiffen?" Ich habe nur einmal erlebt, dass ein Mann dieses Toilettenhäuschen benutzte, das war Promillesilos Patrik. Der hatte sich wieder die vier vor das Komma gesoffen und versuchte wirklich, die Tür, auf dem Manneken Piss abgebildet war, zu erreichen. Da blärzte ihn die Toilettenfrau, Urinsteins Uschi, an: „Patrik! Groß eine Mark und Klein 50 Pfennig!" Da zog er seine Hose herunter und sagte: „Uschi, guck selbst."

Junggesellenfeste waren auch dafür da, jemanden abzuschleppen oder mit einem Mädel rumzumachen. Wem das nicht gelang, für den gab es nur noch die Möglichkeit, Rum zu machen, was durch das Zusammenschütten einiger Spirituosen auch mehr oder weniger gelang – das gab dann fast das Bacardi-Feeling. So wachte man auch nicht alleine auf, sondern hatte einen Kater mit im Bett. Aber mit einem Mädel an den Lippen waren diese Abende wirklich besser, die Coverband spielte Bonnie & Clyde von den Toten Hosen und das wollte man mit seiner Angebeteten auch sein. Nur ohne das Ende und ohne die nervigen Autodiebstähle. Dann verschwand man mit ihr im Rindenmulch und liebte sie nach allen Regeln der Kunst – nach diesen zwanzig Sekunden holte man sich dann eine Currywurst und grölte bei den Ärzteliedern mit. Die Junggesellenzelte waren wie ein Zirkus, sonntags wurden sie im Dorf A abgeschlagen, um sie freitags im fünf Kilometer entfernten Dorf B wieder aufzubauen. Es wäre billiger und praktischer gewesen, wenn man sich auf einen Platz geeinigt hätte, an dem das Zelt stehen geblieben und der Schlüssel von Verein zu Verein weitergegeben worden wäre. Man hatte mit der Zeit auch seinen festen Stehplatz im Zelt. Die Junggesellenvereine aus den Nachbarorten hatten ein Schild mit ihrem Namen dabei und am Ende hatte derjenige gewonnen, dessen Bitburgerturm am höchsten war. Damals wurde die Frage: „Wie willst du dein Bier haben, Glas oder Flasche?" mit „Kasten!" beantwortet. Man leerte die 330ml fassenden Bierflaschen (bei uns Stubbis genannt) nämlich kastenweise und stapelte diese dann zum Turm hoch. Mir erzählte mal jemand, dass daher das Sprichwort „Etwas auf dem Kasten haben." käme, aber das glaube ich nicht ganz. In der Schule war dann der Vertreter, der sich reihernd daneben benommen hat, während der Woche die Lachfigur. Wer einmal kotzt, dem glaubt man nicht, auch wenn er dann die Wahrheit bricht.

Diese Feste sind in meiner Heimat fast ausgestorben und wenn sie doch noch stattfinden, ist es häufig ein „Kindersaufen mit Schlägereien" – quasi wie am 11.11. auf dem Kölner Heumarkt. Junge Mädels, die so geschminkt sind, als hätten sie beim Paintball verloren, versuchen, an übercoole Jungs ranzukommen, die sich selber gerne wie junge Mädels stylen.

Oh, ich tappe in die alte Falle: Die Jugend von heute … Egal ob Dorfkind der 90er oder Stadtkind der 2000er, eins bleibt doch immer gleich: der Gegenwind beim Rückweg aus dem Kinderzimmer. Seien wir doch mal ehrlich: Geschirr und Müslischüsseln stehen in 15 Sekunden neben unserem Computer, der Rückweg zur Spülmaschine dauert aber mindestens drei Wochen. Dafür müssen Orkanböen im Flur verantwortlich sein, anders kann ich mir das nicht erklären.

Glühwein vom Vulkan

Als Kind freute man sich immer mächtig auf den Dezember, nicht nur wegen des Schnees (übrigens lernen Dorfkinder von Kindesbeinen an, dass man niemals gelben Schnee essen darf), sondern vor allem deshalb, weil wieder ein Fest ins Dorf kam: der Weihnachtsmarkt.

Auf einen Weihnachtsmarkt im Dorf geht man, weil dort das Fest der Liebe gefeiert wird, weil die christliche Weltsicht in den Fokus gerückt wird, weil Kinderaugen zu glänzen beginnen, weil die Schnelllebigkeit der Welt hier für einen Wimpernschlag der Geschichte gestoppt wird …

Quatsch! Man geht dorthin, um Glühwein zu saufen und Backfisch zu fressen. Kein Mensch geht zum Weihnachtsmarkt, um einen Esel zu sehen. Es geht um Speis und Trank – und darum, mal wieder alle aus dem Dorf zu treffen. Das ist für Einbrecher übrigens ein kostenloser Tipp: Sie können sicher sein, dass, wenn im Dorf ein Fest ansteht (Karnevalssitzung; Weihnachtsmarkt, Kirmesfrühschoppen, Schützenumzug), alle Häuser leer sind, weil jeder beim Feiern ist. Naja, außer dem zugezogenen Lehrerehepaar – aber was wollen sie auch mit Reiki-Kerzen und Cognacschwenkern?

Ein Weihnachtsmarkt bietet einem Dorf aber noch andere Vorteile, denn alle Vereine können hier ihr finanzielles Polster aufbessern. Auf dem Kirmesplatz drängen sich Stände an Stände: Der Angelverein verkauft Backfisch und Forellen, die er selbst gefangen hat (also ein Vereinsmitglied warf dem anderen im Metro den 80er-Pack Fisch zu und dieser fing ihn), der Gesangsverein kredenzt Gulaschsuppe in Brotlaiben (wenn die Herren mit den Händen den heißen Topf berühren, erreichen sie sogar den höchsten Ton des Ave Maria), die CDU brät Reibekuchen, bei uns in der Eifel übrigens „Krüppelche" genannt, die schwärzer sind als ihre Kassen (aber mit einer halben Flasche Apfelmus pro Portion lässt sich das spielend überdecken), die Kindergärtnerinnen backen Waffeln mit Sahne und heißen Kirschen, beim Stand des Landwirtschaftsbetriebs rund um Misthaufens Tom gibt es Steaks und Würstchen, der Friseursalon versorgt die Gäste mit Nierengulasch sowie Currywurst und die Heißmangel verkauft Crêpes, und zwar direkt aus der Heißmangel (was hygienisch vielleicht ein bisschen bedenklich ist, aber jeder kauft dort, weil dort auch jeder Kunde ist. Wer dort nichts verzehrt, macht sich verdächtig, dass auf seinen Bettlaken, die er vorherige Woche noch bei der Heißmangel abgegeben hat, irgendwelche Sauereien stattgefunden haben). Der geneigte Leser wird schon bemerkt haben: Es steht Fressbude an Fressbude – und alle verzeichnen reißenden Umsatz. Man weiß ja, dass man nicht zwischen Weihnachten und Silvester zunimmt, sondern zwischen Silvester und Weihnachten, aber dieses Naturgesetz ist an diesem Tag außer Kraft gesetzt. Es wird hineingestopft, was geht, kleine Omas bunkern sich Waffeln in ihren Handtaschen, als sei der nächste Bombenalarm nicht weit. Natürlich gibt es auf dem Weihnachtsmarkt auch zwei bis drei Stände, die den Namen „Weihnachten" noch ernst nehmen. Die Frauengruppe (Mädels in den Wechseljahren) töpfert die Heiligen Drei Könige, die zwar aussehen wie die Jacob Sisters, aber trotzdem gekauft werden, denn: Man kennt sich, man hilft sich, jeder Scheck ist anders. Die Kindergartenkinder stellen ihre Kastanienfiguren aus und das Elektrogeschäft von Kurzschluss Christian versucht, Weihnachts-CDs an den Mann zu bringen (die schönsten Melodien von André Diarrhö etc.). Und irgendwo steht noch ein Schausteller mit zwei Eseln – dort lautet die Frage aller Besucher: „Dieser unfassbare Gestank – können sich die Esel daran gewöhnen?"

Dem geneigten Leser fällt aber auch auf, dass ein Stand in meiner Aufzählung wohl vergessen wurde – aber, aber, wo denken Sie hin? Natürlich kenne ich die wichtigste Anlaufstation auf einem Weihnachtsmarkt, die Location, vor denen Menschen schon tagelang campen: den Glühweinstand. Man freut sich doch schon das ganze Jahr darauf, die kitschige Tasse mit dem Nikolausmotiv mit beiden Händen zu halten (Profis übrigens ohne Handschuhe) und den Duft in der Nase zu spüren, während man gleichzeitig pustet. Diesen Stand hatte bei uns immer der Karnevalsverein, denn auf einem Dorf darf der Verein mit den meisten Mitgliedern Glühwein verkaufen.

Schließlich ist dieser Stand wie ein Sechser im Lotto, da werden an einem Sonntag ganze Kleinwagenkolonnen versoffen. Wenn gegen 16 Uhr der Junggesellenverein den Weihnachtsmarkt besucht, wird die Gulaschkanone zur Glühweinwanne umfunktioniert. Der Glühwein ist der Château Lafite-Rothschild des kleinen Mannes. Auf einem Dorf wird eigentlich das ganze Jahr über nur Bier getrunken, viele unterschätzen deswegen die Wirkung dieses Weins. Die gehen dann am Jägerzaun heim – aber unten. Dass sich Dörfler mit Wein nicht so recht auskennen, sieht man bei uns jedes Jahr am Stand des Karnevalsvereins, denn dort prägt ein Schild die komplette Architektur: „Hier gibt's lecker Glühwein, angebaut in der Vulkaneifel!"

Am 5.12. abends kam immer der Nikolaus, kein Student im Bademantel, sondern Kanaldeckels Karl, mit seiner tiefen Stimme und großen Erscheinung als Heiliger Sankt Nikolaus bestens besetzt. Durch Hirtenstab und Bischofsmütze wirkte er für uns Kinder wie ein Riese. Daneben stand Knecht Ruprecht, Dachlattens Daniel, verkleidet als schwarzer Mann mit Rute aus echten Barbarazweigen von Obstbäumen. Wenn er einem diese über den Hintern zog – und das tat er bei Fehlverhalten –, hatte der Arsch Kirmes. Es war wie das Einstellen eines Navigationssystems, Nikolaus las die Tadel vor und Ruprecht überlegte, wie viele Schläge erforderlich seien – in seinem Kopf hörte man die Stimme: „Ihre Rute wird berechnet." Aber wir Kinder hatten noch Angst vor ihnen – heute hört man von Orten, in die Knecht Ruprecht wegen pädagogisch unkorrekten Verhaltens nicht mehr mitkommen darf. Sind die eigentlich bescheuert? Auf dem Dorf bei uns war das undenkbar, meine Mutter drohte immer: „Warte, wenn das der Nikolaus mitbekommt, der bringt den Ruprecht mit!" Und als Kind glaubte ich wirklich, dass mein Vater und der Nikolaus befreundet seien, denn Kanaldeckels Karl begrüßte ihn im Kostüm oft mit: „Ey, du schwer' Arschloch!", was in der Eifel keine Beleidigung ist, sondern eine normale Begrüßung. Mein Vater antwortete daraufhin: „Wat is', du blöder Sack?" und sie umarmten sich. Also musste ich echt brav sein, wenn mein Vater den Nikolaus immer beim Stammtisch traf und ihm von all meinen Vergehen berichten konnte. Natürlich glaubt man als Jugendlicher nicht mehr daran. Mein Vater versuchte zu dieser Zeit selbst den Heiligen Mann zu spielen und stapfte in Santa-Claus-Montur mit weißem Vollbart bei uns durch den Garten, woraufhin er von der Nachbarkatze Minka angegriffen wurde. Er klingelte bei uns, ich öffnete die Tür und Papas Stimme erklang im schrägsten Bariton: „Ho, ho, ho! Drauß' vom Walde komm' ich her!" Ich rief bloß in die Küche: „Mama, der Papa ist schon wieder besoffen!"

Weiße Weihnacht, das war das Schönste als Kind. Okay, meistens war der Schnee eher im Fernseher zu sehen, weil man auf dem Dorf kein Kabelfernsehen hatte und die Schüssel immer speziell ausrichten musste, um RTL plus zu empfangen (aber nur da konnte man an Heiligabend besinnlich „Stirb langsam" sehen). Eine Woche vor Heiligabend wurde der Baum ausgesucht – nein, liebe

Stadtkinder, nicht beim Christbaumverkäufer vor dem Kaufland. Dort ging man höchstens hin, um die dicke Elvira mal durch den Verpackungsnetztrichter zu schießen, um zu sehen, ob ihr Netzstrumpfhosen stehen. Nein, man ging mit dem Papa in den Wald und fällte eine Tanne – und der Förster hatte nichts dagegen, wenn man ihm nichts davon erzählte. Diese wurde flugs auf die Pritsche des Baustellenfahrzeugs geladen – mein Papa war Handwerker, ansonsten lieh man sich einen aus der Straße; pro Straße gibt es auf einem Dorf drei Hand- oder Heimwerker – und schon ging die wilde Fahrt ab. Wenn die Tanne etwas zu groß war, verdeckte sie die Frontscheibe und man fuhr mit dem Kopf aus dem Fenster. Daheim angekommen, meckerte erst einmal die Mutter, warum um alles in der Welt man so einen großen Baum mitgebracht habe, es sei doch besprochen worden, dieses Jahr etwas Kleineres mitzunehmen. Dazu muss man sagen, die Situation, auf die sich da berufen wird, ist folgende: Die Frau beschreibt den Wunsch, eine kleinere Tanne für das Wohnzimmer zu Weihnachten zu haben und der Mann ist bei diesem Gespräch nur körperlich anwesend. Er nickt zwar ab und zu, aber, liebe Frauen, er hört nicht zu und lässt das niemals in seine Gedankenwelt kommen. Das ist eine Männerdomäne: BAUM FÄLLEN! Der muss groß sein, es heißt ja nicht BAUM ABKNICKEN! Da können sie einem Mann auch sagen, er solle weniger Fleisch grillen – unter einer halben Sau macht der doch nicht das Feuer an. Es heißt ja auch Grillen und nicht Avocados räuchern. Aber etwas Kleineres bekommt ihr dafür dann zu Weihnachten als Geschenk, immerhin hat er etwas vom Gesprochenen aufgeschnappt. Es musste also die Tanne gestutzt werden, um überhaupt durch die Haustür zu passen. Mit den abgeschnittenen Ästen wurde die Krippe geschmückt und mit dem immer noch vorhandenen Rest eine Panzerdivision bei der Bundeswehr getarnt. Um den Baum auf den Balkon zu bringen, dort wurde er bis zum 23.12. platziert, musste die gesamte Familie anpacken. Man fragte sich als Kind häufiger, warum das Lied nicht „Oh Tonnenbaum" heiße. Die gesamten Bilder im Flur wurden durch die majestätische Tanne heruntergerissen und man musste den Weg sowieso zwei Mal zurücklegen, weil Papa beim Anlauf auf den Balkon die Tanne eben von diesem herunterwarf. Er versuchte zwar noch, sie festzuhalten, aber kommen Sie mal gegen den Arnold Schwarzenegger der Nadelgewächse an.

„Der Baum ist schief!" Diesen Satz hassen alle Männer. Er kommt aber eigentlich immer von der Frau, nachdem ihr Ehegatte die Tanne im Christbaumständer befestigt hat. Daraufhin greift der Dörfler zu Draht und mit der Hilfe von zwei Nägeln (gut, dass die Bilder beim Aufstellen eh schon heruntergerissen wurden) wird der Baum an die Wände geschlagen. Hauptsache die Tanne steht wie eine Eins! Mutter bewässert den Christbaum dann zuallererst. Diese Tradition ist verinnerlicht. Selbst als meine Eltern nach dem Auszug der Kinder auf eine künstliche Tanne zurückgriffen, wurde diese in den ersten zwei Jahren noch getränkt. Das Schmücken des Baumes übernahm dann die ganze Familie (Lametta und silberne Kugel inbegriffen), und man freute sich wie ein kleines Kind auf das Christkind – also nur, wenn man ein kleines Kind war, Erwachsene freuten sich wie Erwachsene. Man hatte ja seinen Wunschzettel Wochen vorher schon draußen auf die Fensterbank gelegt, damit das Christkind ihn sich aus dem Himmel abholen konnte – heute hätte es bestimmt ein elektronisches Buch, ein Christkindle. Auf dem Dorf waren die Wünsche aber ohnehin bescheiden, mit Außergewöhnlichem könnte man dort auch gar nicht umgehen, das würde entweder so vonstatten gehen:

„Papa, ich wünsche mir zu Weihnachten ein Pony!"

„Ja gut, dann kaufe ich dir halt den Friseurgutschein."

Oder so:

„Papa, ich wünsche mir zu Weihnachten ein Pony!"

„Ja gut, aber nächstes Jahr gibt es wieder Pute."

Bei uns ging letztes Jahr die Flüchtlingshilfe im Dorf von Tür zu Tür und fragte, ob die Menschen zu Weihnachten gerne einen Flüchtling wollten. Die häufigste Antwort lautete: „Nö, wir nehmen wie jedes Jahr Truthahn." Aber vor Weihnachten werden die Leute spendabel und damit kommen auch viele Scharlatane aus ihren Löchern. Da hörst du in der Dorfkneipe abends: „Mein Versicherungsheini wollte mir jetzt einen PAV andrehen, eine Penis-Abriss-Versicherung – da hast du zehn Zentimeter Selbstbeteiligung." Aber manche zeigen auch ein weiches Herz, das habe ich vor drei Jahren bei meinem Vater erlebt. Die Zeugen Jehovas machten wieder ihren Rundgang und normalerweise kanzelt mein alter Herr sie

direkt mit „Ich glaube nur an den schnöden Mammon!"
oder „Zeuge Jehovas? Wo war denn der Unfall?" ab. Dieses Mal aber bat er sie höflich in unser Haus. Vielleicht
ist das die christliche Nächstenliebe, von der die Bibel
spricht. Er zeigte ihnen den Flur und das Wohnzimmer
und bat ihnen sogar an, auf seinem Lieblingssofa Platz
zu nehmen. Meine Mutter brachte für jeden ein Stück
ihres unschlagbaren Rhabarberkuchens und eine Tasse
Kaffee. Mein Vater lächelte und fragte: „Und jetzt?" Sie
schauten ihn verdutzt an: „Keine Ahnung, so weit sind
wir noch nie gekommen!"

Kreisliga-Helden

Nun ist es leider so, dass es gegenüber dem Leben auf dem Dorf viele Vorurteile gibt: Man trinke zu viel und sei etwas dumm, heißt es oft. Das stimmt so nicht ganz. Natürlich schauen Dörfler nicht so gerne über den Tellerrand, was sie aber nicht weniger intelligent macht als Stadtmenschen. Bei uns auf dem Dorf wurde mal eine Umfrage durchgeführt: „Was ist das größte Problem der Gesellschaft? Unwissenheit oder Gleichgültigkeit?" Die häufigste Antwort war: „Weiß ich nicht, ist mir aber auch egal." Trotzdem interessiert man sich für die große Welt, nicht zuletzt durch Facebook. Mein Vater sagte zwar damals: „Wir warten mal ab, ob sich das Internet durchsetzt!", aber selbst er ist jetzt in Onlinedingen ein Fachmann. Und was den Alkohol angeht: Natürlich trinken wir gerne; wer feiert, spuckt nicht ins Glas. Aber mal ehrlich: Es gibt keinen Mineralwassertrinker, aus dem etwas geworden ist. Die großen Geister waren alle Partybiester. Goethe und Schiller waren nicht nur Dichter, die wurden auch immer dichter. Am Anfang von großen Ideen stehen meistens Wein, Weib und Gesang.

Bei Saufgelagen kommen aber auch Männerfreundschaften am besten zum Tragen. Wenn ein Mann nach einer durchzechten Nacht nach Hause kommt und die Frau das fragt, was alle Frauen fragen: „Na, wo kommen wir denn jetzt her?" Da will man als Mann am liebsten sagen: „Warum ‚wir'? Ich bin doch alleine – wer hat denn hier gesoffen, wer sieht denn hier doppelt?" Aber der Mann sagt: „Schatz, es ist nicht so, wie du denkst. Ich habe bei einem Kumpel übernachtet." Dann ruft die Frau die zehn Freunde des Mannes an – bei sieben hat er übernachtet, bei dreien von ihnen schläft er immer noch. Mein Vater hatte seinem Stammtisch mal einen Trick erklärt: „Wenn ich besoffen heimkomme und meine Frau liegt schon im Bett, gehe ich immer rückwärts auf das Bett zu und ziehe mich dabei ganz langsam aus – wenn meine Frau dann aufwacht, gehe ich vorwärts, ziehe mich an und sage: ‚Och, bist du schon wach? Ich wollte gerade Frühstück machen!'" Hat bei meinem Vater leider nicht geklappt: Es war Winter, und er hatte noch zehn Zentimeter Schnee auf dem Kopf.

Die Quelle der Männerfreundschaft und Trinkgesellen ist aber tatsächlich der Fußball – auf dem Dorf regiert die Kreisliga. Das ist wie ein Wochenende im Sauerlandstern – nur ohne Weiber. Fußballer sind halt sehr auf die Gesundheit bedacht und sagen sich: „Bier hat wenige Vitamine, deswegen muss man viel davon trinken." Bei uns ist in der Saison jeden zweiten Samstag ein Heimspiel und eine bekannte Bierfirma sponsert dieses Event. Ein toller Slogan wurde schnell gefunden: „Kreisliga – das Bier gewinnt!" Wer noch nie solch eine Partie gesehen hat, hat einfach keine Ahnung vom Fußball. Hier geht es noch um Leidenschaft und Teamgeist. Okay, es werden zwar meistens mehr Kästen gesoffen als geschossen, aber trotzdem zählt jeder einzelne Spieler auf dem Platz. Gewinnen ist ein schönes Zubrot, aber es geht um den Gedanken „Dabei sein ist alles". Die Fans sind mit vollem Enthusiasmus dabei. Es ist schon klasse, wenn ein Vater seinem Sohn zuruft: „Spiel schneller, du Kackarsch!" oder wenn abends ein Opa über den Platz brüllt: „Ihr haut so viele Kerzen, wir können das Flutlicht ausmachen!" Ein Schiedsrichter hörte mal: „Schiri, hast du mal drei Sekunden Zeit? Dann erzähl uns alles, was du über Fußball weißt!" Aber nachher im Sportlerheim an der Theke sind alle wieder Weltmeister. Erst wenn Kohle ins Spiel kommt, wird aus Tradition Kommers, aber wir sind ja nicht in der Nähe von Sinsheim.

Wir hatten einen Strategen am Ball, Flankendrehers Micha. Micha war ein graziles Sporttalent, gefangen im Körper eines übergewichtigen Bauarbeiters. Nichtsdestotrotz rockte er den Fußballplatz und war pro Spiel mindestens für drei Tore verantwortlich – man musste ihm nur die richtige Seite zeigen. Er verschaffte sich sogar seinen Spitznamen „Flankendreher". Er arbeitete an der Mischmaschine des Bauunternehmens von Dummschwätzers Arno – deswegen hieß er seit der Ausbildung nur noch „Beton-Micha". Und wer einmal einen Spitznamen-Status hat, wird diesen auf dem Dorf eigentlich niemals mehr los. Das Dorf ist in der Beziehung wie der Wilde Westen: Menschen werden nach ihren Fähigkeiten oder Tätigkeiten benannt. Old Shatterhand heißt so, weil er eine Schmetterfaust hat, die dich Sterne sehen lässt. Old Firehand ist genial am Gewehr. Billy the Kid ist ein sehr junger Cowboy/Gangster. So ist es auch auf dem Dorf, wie man an den folgenden Beispielen bemerkt:

- Unser Gärtner, der einen Sinn für die kleinen Margeriten hat, heißt Gänseblümchens Manni.

- Der Installateur, der für eine Explosion die drei Minuten vom Gehalt abgezogen bekam, in denen er sich in der Luft befand, ist Rohrzangens Franz.

- Unseren Versicherungsvertreter nennt man Schutzengels Thomas, da er vielen Menschen unbürokratisch aus der Misere hilft.

- Der Bäcker heißt Streuselkuchens Bernd, weil er diesen Kuchen wie kein anderer zubereiten kann. Viele hoffen auf die nächste Beerdigung, nur um beim Leichenschmaus diesen Streuselkuchen zu probieren.

- Unser Steinmetz ist bekannt als Basaltbrockens Erich. Er kann aus Basalt die tollsten Dinge zaubern – letztens hat er sogar einen Löwen angefertigt. Auf die Frage, wie er das hinbekomme, antwortete er bloß: „Ich kloppe einfach alles weg, was nicht nach Löwe aussieht.“

Sie sehen, jeder bekommt das Attribut zugeschrieben, für das er bekannt ist. Deswegen rate ich Ihnen, halten Sie sich von Ziegenverstehers Markus fern!

Es ist ein sympathischer Gedanke und hat auch etwas vom American Way of Life: Herkunft, Religion und so weiter sind egal, du kannst mit Talent zu etwas werden. Und wenn man es dann wie Michael schafft, vom Beton-Micha zu Flankendrehers Micha zu werden, muss man schon enorm viel dafür geleistet haben. Micha scheute keinen Zweikampf, er ging immer drauf; er blieb dabei aber immer fair und besuchte seine Gegner im Krankenhaus. Viele Verletzungen überschatteten allerdings auch Michas Sportlerkarriere. Deswegen nennt man es ja auch Fußballverband; hier ein Verband, da ein Verband. Aber daran erkennt man die Kreisliga. Einmal hatte sich Micha den Knöchel auf dem Platz verstaucht und musste diesen kühlen. Das einzig Kalte waren aber die Bitburger im Kühlschrank des Sportlerheims. Also zerriss Micha ein T-Shirt und band sich eine der Flaschen an den Knöchel. Die anderen landeten in seiner Kehle, deswegen konnte er auch nach 15 Minuten wieder spielen. Er war dann zwar nicht mehr der Beste auf dem Platz, aber dafür der Lustigste. Er spielte echt gut, konnte aber nie zu einem anderen Verein wechseln, weil er im Sportlerheim noch einen Deckel hatte – und dann kannst du die Freigabe des Passes vom Verein vergessen.

Am besten waren aber immer die Derbys, wenn zwei „verfeindete" Mannschaften gegeneinander antraten. Das gibt es überall, jeder Ort hat ein Konkurrenzdorf. Selbst in den großen Städten kommt das vor (Köln und Düsseldorf sind dafür Beispiele. Mein Kölner Nachbar sagte mal scherzhaft zu mir: „Viele Kölner haben bei sich Düsseldorfer Blut entdeckt – also vorne an der Stoßstange.").

Nickenich hat ebenfalls einen Konkurrenzort, er heißt Kruft und liegt mit dem Auto fünf Minuten entfernt. Die Nickenicher machen Witze über die Krufter, die Krufter machen Witze über die Nickenicher – gut, sie können es nicht, aber sie geben sich Mühe. Kruft hat eine bewegte Vergangenheit: Die Dorfbewohner waren 700 Jahre lang Leibeigene des Klosters Maria Laach. Sie mussten jeden Monat ihren Zehnten abgeben und standen unter der Führung der Pater. Günter Grass (der Schriftsteller der Blechtrommel) war in den 60er-Jahren mal auf einer Lesereise in Kruft und ihm gefiel es dort so gut, dass er dem Ort in seinem Buch Örtlich betäubt ein Denkmal setzte; es spielt zum Teil in Kruft. Verbunden werden die zwei Orte durch das Lohstück, eine Erhebung an der A61. Nickenicher fahren diese Strecke nicht gerne, zum einen wegen Kruft, zum anderen wegen des lieben Ordnungsamtes. Dort steht des Öfteren eine Radarkontrolle. Wenn ein Dörfler in eine Radarfalle fährt, dann blitzt es nicht, dann scheppert es, denn auf Strecken, die er im Schlaf fahren könnte, ist Tiefflug angesagt. Schilder kann er bei dem Tempo sowieso nicht mehr lesen. Und auch mir passiert es immer wieder, dass ich dort ein Passfoto bekomme. Manchmal kommt sogar die doppelte Erniedrigung, wenn man vor den Bahngleisen herausgewunken wird. Und ich sage euch, folgender Dialog gibt richtig Ärger:

„Frau Wachtmeister, was kostet der Spaß?"

„70 Euro."

„Das ist okay, steig ein!"

Beim Derby SC Nickenich 1965 e. V. gegen die Kickers Kruft 1988 e.V. am 7. September 1996 waren die Ränge des kompletten Fußballplatzes voll – ein Teil der Fans auch. Die Stimmung war schon vor dem Spiel auf dem Siedepunkt, unser Lokalreporter, Bildknipsers Andy, wusste gar nicht, welche Motive er zuerst schießen sollte. Er schrieb für den Kuhfladen-Report, ein hervorragendes Lokalmagazin, das in unserem Dorf publiziert wird. Die Nickenicher Fans besetzten die rechte Tribüne, die aus Kruft waren auf der linken Seite – Fangesänge übertrumpften sich gegenseitig:

„Was ist grün und stinkt nach Fisch? NICKENICH!"

„Wo wohnt der letzte Schuft? NA, IN KRUFT!"

„Wem verpassen wir 'nen Stich? NICKENICH!"

„Wen erkennt man am Gülleduft? DIE AUS KRUFT!"

„Ich nehme nie ein Mädchen aus Nickenich, denn in Nickenich, DA ..." (Bevor das Lektorat jetzt einen Herzinfarkt bekommt, setze ich lieber ein literarisches PIEP.)

Andy schrieb fleißig mit und sah sich mit dieser Reportage schon in der Nähe des Pulitzer-Preises. Aber er hatte noch nicht mit dem Schlimmsten gerechnet. Der Dorfschläger, Specknackens Jerry, kam mit seinem Pitbull Roger auf das Gelände – Jerry war ein Mann wie eine Schrankwand, ein Kerl wie sechs Zentner Wurst. Er glich sehr seinem Köter. Dieser sah auch sofort rot, riss sich von der Leine und rannte zähnefletschend auf einen Nickenicher Fan zu. Dieser erkannte seine schlimme Lage nicht und feierte weiter. Er sah Roger erst im letzten Moment, als dieser nämlich in die Richtung seines Kopfes sprang. Bildknipsers Andy tat das einzig Richtige, er schoss ein paar Fotos. Doch kurz bevor der Pitbull den Kopf des Nickenicher Fans erreichen konnte, sprang ein anderer Fan dazwischen und tötete das Tier durch einen Genickbruch. Ein kurzes Aufjaulen, dann war Ruhe –

Andy hatte diese Aufnahmen später wie ein Daumenkino zusammengebunden. Er rannte sofort zu dem Helfer, schoss ein Portrait und sagte: „Morgen wirst du ein Kreisliga-Held, dein Gesicht kommt auf den Kuhfladen-Report, und ich sehe schon die Schlagzeile vor mir: ‚Nickenicher Fan rettet anderen Nickenicher Fan vor einer bedrohlichen Bestie.'" Der Helfer entgegnete: „Andy, das kannst du machen, ich komme aber aus Kruft." Am nächsten Tag erschien die Schlagzeile: „Krufter Hooligan tötet wehrlosen Welpen."

Nicht nur auf dem Dorf merkt man, dass Fußball DER Volkssport ist. Deutschland liebt das runde Leder nun einmal. Es ist die einzige Sportart, die stets die größte Popularität haben wird. Andere Sportarten sind personenbezogen: Formel 1 interessierte die großen Massen nur wegen Schumacher, Tennis war wegen Becker und Graf interessant und Handball wegen Stefan Kretzschmar und der Radsport wurde durch Jan Ullrich repräsentiert. Beim Fußball ist es wurscht, ob Beckenbauer nicht mehr spielt oder Podolski die deutsche Nationalmannschaft verlässt, es wird immer geschaut und ist ein nationales Ereignis. Ich glaube, dass dies neben der Einfachheit der Organisation (Kinder brauchen dafür ja nur einen Ball) auch an der ländlichen Sozialisierung liegt. Man wächst mit der Kreisliga auf, im Laufe der Zeit ändern sich dort nur die Frisuren.

Normal müsste dat halten

Wenn man behütet aufwächst, werden einem viele Entscheidungen abgenommen. Auf dem Dorf ist es bei einer Bundes- oder Landtagswahl zum Beispiel sehr einfach, weil in der Wahlkabine die Kordel von dem Kugelschreiber nur bis CDU reicht. Da fällt die Entscheidung natürlich nicht schwer. Ansonsten kann man sich bis ins hohe Alter auch immer an Mutti wenden, meistens wohnt sie ja auch noch mit im Haus. Mutter ist immer zur Stelle, wenn man sie braucht und greift einem unter die Arme. Auf dem Dorf nennen wir diesen Service: Mamazon Prime.

Aber ein Dörfler strebt nach Selbstständigkeit. Deswegen bauen wir Baumhäuser im Wald oder zelten mit unserem besten Freund alleine im Garten. Statistisch gesehen überrascht es dann auch nicht, dass die meisten Dorfkinder einen handwerklichen Beruf ergreifen. Es ist ihnen in die Wiege gelegt, etwas zu erschaffen, dass ein Mann aus dem Dorf sagt: „Gebt mir Euren Stahl, und ich baue einen Flugzeugträger!"

Gut, sein italienischer Nachbar würde wahrscheinlich erwidern: „Gebt mir Eure Frauen, und ich mache die Besatzung!" Der Urtyp des Dörflers ist der Handwerker – und bei ihm kommt jeder Germanist auf seine Kosten, denn den Mund des Handwerkers verlassen sprachliche Feinheiten wie:

- „Normal müsste dat halten!" (Wenn Sie diesen Satz hören, betreten Sie das Haus nicht mehr. In der Mathematik ergeben Minus und Minus zwar Plus, aber ein Konjunktiv, eingeleitet mit einem einschränkenden Adverb, bedeutet streng genommen: Das Ding kracht auf jeden Fall zusammen. Wenn Sie sich dann beschweren, sagt der Handwerker: „Meinte ich doch, normal müsste dat halten!")

- „Dat war schon vorher kaputt!" (Dieser Spruch kann natürlich nur Sinn gewinnen, wenn der Gegenstand in der Abwesenheit des Bauherren zu Schaden kam. Aber selbst wenn der Kunde daneben steht und dem Handwerker geschieht ein Missgeschick, bleibt er cool und gibt zu verstehen: „Das Teil musste eh ausgewechselt werden!")

- „Loch an Loch und hält doch!" (Ein Satz, der den Handwerker etwas demaskiert. Er weiß, dass seine Arbeit nicht die allerbeste war und drückt damit aus, dass er auch mit diesem Makel ein stabiles Werk geschafft hat. Liebe Frauen, ihr habt im Schrank doch Schuhe, die nicht zum Laufen gedacht sind – die sind nur „für schön". Und dann gibt es noch eure Lieblingslatschen, die nie drücken und in denen ihr bis zum Nordpol laufen könntet, auch wenn sie keinen Schönheitswettbewerb gewinnen würden. Genau das meine ich!)

Sprachlich ist der Handwerker der einzige Dorfbewohner, der an den Stadtmenschen heranreicht. Seine verbale

Cleverness macht ihn einzigartig, wobei er nie lügen würde, er verdreht die Realität nur zu seinen Gunsten, wie man an folgendem Bespiel erkennen kann:

Ein Städter wird beschuldigt:

„Ich habe gehört, Du hättest dem Josef gesagt, ich sei ein ‚Arschloch'?"

Städter (besonders die im Rheinland): „Ich soll das gesagt haben? Das wüsste ich aber, das ist gar nicht meine Ausdrucksweise. Da kannst du auch meine Frau fragen, so etwas sage ich nie. Und dann auch noch über dich? Du bist doch mein bester Freund! Und überhaupt, der Josef? Dem glaubt doch keiner ein Wort, der Mann spinnt doch. Also das verletzt mich jetzt aber in meiner Ehre, dass du behauptest, ich würde so etwas jemals über andere Leute sagen."

Ein Dorfhandwerker wird beschuldigt:

„Ich habe gehört, du hättest dem Jupp gesagt, ich sei ein ‚Arschloch'?" Dorfhandwerker: „Ja, aber der wusste dat schon."

Natürlich hat er dem Jupp das gesagt, aber dieser war schon informiert. Also spricht der Handwerker nur das aus, was alle tun. Er ist schon clever – unser bekanntester Handwerker, HP (Handwerker Peters), brüllte in der Kneipe einmal: „Zehn Bier auf mir!" Ein Klugscheißer neben ihm: „Auf mich." HP: „Dann halt auf ihn!" HP antwortete auch auf die Frage: „Was ist 1,40 Meter geteilt durch 2?" Folgendes: „Ist doch klar, ein halber Meter 20!" Ich habe mal einen Bauunternehmer am Telefon bei einem Gespräch mit dem Bauherren belauscht, diesen aufgeschnappten Brocken fand ich grandios:

„Wie? Der Heizkessel? Da müssen Sie sich mal an die eigene Nase packen. Wer hat sich denn wochenlang darüber beschwert, dass der nicht heiß wird? Und was war gestern? Gut, der ist explodiert, aber davor wird er jawohl heiß geworden sein!" Ich hoffe, Sie bekommen langsam einen Einblick in die verbale Überlegenheit der Bau-Athleten. Versuchen Sie nicht, dagegen anzukommen. In ländlichen Handwerksbetrieben findet man noch etwas, das in der freien Marktwirtschaft heutzutage selten geworden ist: Solidarität. Jeder Chef stellt sich vor seine Mitarbeiter und da der Chef selber noch mit an der Baustelle ist, weiß er auch um die Sorgen und Nöte seiner Handwerker. Da entscheidet kein weltfremder Sesselfurzer, wie der Arbeiter zu funktionieren hat – und wer dies nicht tut, wird rausgeworfen. Nein, ein Betrieb ist noch eine Familie. Ein Arbeiten, das Spaß macht, findet man tatsächlich vorzugsweise auf dem Dorf. Ich stamme ja selbst aus einer Handwerkerfamilie und kann für diesen Berufszweig nur Werbung machen, meines Erachtens nach ist die Baubranche – nach der Flaute Mitte der 90er-Jahre – ein Metier mit Zukunft. Alle wollen oder müssen heute studieren, am besten „IWM" (Irgendwas mit Medien). Studieren ist wie arbeitslos sein, nur dass die Eltern stolz sind. Diese orientierungslose Generation, die teilweise in den Hörsälen herumvegetiert, wird irgendwann die vermeintliche Elite des Landes. Und für die ist eine Schaufel eine Maschine – die können handwerklich nichts. Das alte Muster „Ich baue ein Haus und meine Kumpels helfen mir dabei" wird ausgedient haben. Man benötigt dafür Fachkräfte. Deswegen rate ich jedem, der Talente dafür hat und sich vor Arbeit nicht scheut: Werde Handwerker. Aber man muss gut sein, das ist natürlich die Voraussetzung. Und deshalb würde ich nur noch einen Handwerker vom Land rufen, denn ich habe in der Stadt schon die schlimmsten Bausünden seit dem schiefen Turm von Pisa erlebt. In der Stadt bestellen Sie einen Handwerker für Dienstag zwischen 8 und 18 Uhr, und sie können froh sein, wenn er freitags irgendwann klingelt. Den Dorfhandwerker bestellen sie nicht für Dienstag und der klingelt trotzdem am Montag um 6 – routinemäßig. Wenn der Handwerker in der Stadt dann klingelt, wird meistens schon über die Gegensprechanlage mit osteuropäischem Akzent gefragt: „Hier ich! Wo Problem?" Am liebsten möchte man dann sagen: „Es hat gerade geklingelt."

Sie müssen zu ihrem Handwerker Vertrauen haben, denn er mag keine Befehle. Wenn er Elektrokabel verlegen soll, sagen Sie nicht: „Und dann muss das da hoch und im rechten Winkel zum Hauptverteiler abknicken.", denn dann macht der Profi dicht. Erklären Sie ihm einfach: „Kabel muss von A nach B!" Und dann lassen sie ihn gewähren. Wenn Sie einen guten Handwerker haben, wird er es selbst zur absoluten Zufriedenheit lösen. Wenn Sie einen schlechten Handwerker erwischt haben, wird bei jedem Klingeln des Telefons das Garagentor aufgehen. Wenn Sie einen grottenschlechten Handwerker beauftragt haben, dann gibt es wieder „Rhein in Flammen". Und lassen Sie ihren Handwerker auch mal platzen, sich aufregen, an die Decke gehen. In unserer Gesellschaft ist es mittlerweile en vogue, eine gewisse passive Aggressivität auszuüben, das heißt, Wut und negative Emotionen herunterzuschlucken. Man wartet dann, bis das Fass überläuft. Das macht der Dörfler, besonders der Handwerker, anders: Aktive Aggressivität. Mal richtig schön ausrasten und wie ein HB-Männchen in die Luft gehen. Nach fünf Minuten ist alles gut und man fühlt sich befreit. Probieren Sie es aus! Wenn Sie wieder irgendwas aufregt, gehen Sie in den Keller und brüllen fünf Minuten lang: „So eine verdammte Scheiße!" Das wirkt besser als jedes Psychopharmaka. Und beim Handwerker habe ich diesbezüglich im Laufe der Zeit schon einige Lieblingssätze gehört:

„Wenn ich eine Starterlaubnis hätte, ich würde senkrecht in die Luft gehen!"

„Hier auf der Baustelle kriege ich Tinnitus im Auge, ich sehe nur Pfeifen!"

„In meinem Auto ist gar kein Platz mehr, es ist alles voll Hals!"

„Ich kann meinen Blutdruck an der Tankstelle messen lassen!"

Der Handwerker ist der Vorläufer von Google, denn er weiß alles. Ein Teufelskerl, ein harter Hund – er isst keinen Honig, er lutscht Bienen. Ein Handwerker vergisst nie seine zwei wichtigsten Werkzeuge: einen Kasten Bier und die BILD-Zeitung. Auf einer Baustelle auf einem Dorf hat der Zollstock mehr Bier geöffnet als Meter gemessen. Aber das ist in meiner Heimat ganz normal: Wenn man in der Eifel über ein Feld geht und da steht ein Kasten Bitburger, weiß man: Hier wird gebaut.

Alkohol und Handwerk werden immer miteinander verbunden – und bestimmt gibt es dort auch welche, die möglicherweise schon ein Alkoholproblem haben. Der Handwerker würde dies allerdings wieder positiv sehen: „Ich habe eine Organverschiebung, meine Leber ist im Arsch." Da gibt es in unserer Gegend einen sehr bekannten Polier, Schüppestils Hens (für Nicht-Eifelaner: Schaufelstils Hans), das ist der Schwager von Zementsacks Udo. Er begann als Handlanger, ein Job, den es heutzutage offenkundig nicht mehr gibt. Früher gab es das auf dem Dorf: Als Handlanger auf dem Bau arbeiteten diejenigen, die keinen Schulabschluss und keine Bildung aufweisen konnten – es wurde niemand fallen gelassen. Durch familiäre Beziehungen wurde Hens aber zum Polier, also zum Leiter der Baustelle, und er hat nun mal offensichtlich ein Alkoholproblem. Gut, das mag auch daran liegen, dass er mal bei einer Fertigbaufirma gearbeitet hat und da jeden Abend Richtfest war. Es gibt bei uns in der Nähe die Brohltalklinik, eine Klinik für Alkoholentzug, und da war Hens dann stationär untergebracht. Da ist er ein anderer Mensch geworden, aber dieser andere Mensch säuft auch. Man merkt es ihm leider schon an. Sie kennen doch bestimmt im Supermarkt den Pfandautomaten zum Flascheneinwerfen. Wenn Sie da mit der Nase zu nah an das Einfüllloch kommen – so riecht der Hens. Wenn der stirbt, will er verbrannt werden – da muss die Feuerwehr kommen, denn der Hens brennt acht Tage durch.

Wir hoffen, dass er im November stirbt, dann können wir ihn noch als Martinsfeuer benutzen.

HP, Handwerker Peters, habe ich ja eben schon erwähnt. Er ist die Figur, an die ich mich noch genau erinnern kann. Als Kinder schauten wir zu ihm auf, weil er gefühlt an jedem Haus im Dorf arbeitete (meistens ohne Rechnung) und weil er mit seinem blauen Mantel und seinem gelb-karierten Hemd, worunter ein riesiger Schmerbauch sichtbar wurde, wie eine Comicfigur aussah; dazu der blaue Helm, auf dem seit einer Karnevalsitzung ein gelbes Dreieck mit seinen Initialen klebte (er tanzte dort im Männerballett mit und dieses Zeichen gestaltete man ihm für sein 20-jähriges Jubiläum. Vielleicht war er deswegen für uns eine Art Superman.). Als ich ihn vor einem Monat sah, hatte er sogar gelbe Turnschuhe an. Er sagte mir: „Dat sin' Sicherheitsschuhe – weil die werden mit Sicherheit ni't geklaut!" Ja, auch die Moderne macht vor den Dorfbaustellen keinen Halt. Es gibt dort jetzt einen Sicherheitsbeauftragten, Supergaus Volker, und wenn der beauftragt wird, sollte man sich in Sicherheit bringen. Asphaltschleichers Reinhard, der berühmte LKW-Fahrer, kam mal im Sommer mit Sandalen auf die Baustelle – und da ist ihm ein Stein zwischen Birkenstock und Hornhautmauke gerutscht. Jetzt ist es bei Reinhard allerdings so: 160 Kilo – und das andere Bein ist genau so schwer; Bücken ist da nur im äußersten Notfall vorgesehen. Also versuchte er, hüpfend wie ein Tanzbär, den Stein aus der Sandale zu bekommen. Da Reinhard aber dann immer wieder das Gleichgewicht verlor, hielt er sich an der laufenden Putzmaschine fest und bewegte ruckartig sein Bein. Supergaus Volker kam um die Ecke und dachte, Asphaltschleichers Reinhard hinge mit einem Stromschlag an der Maschine fest – er holte daraufhin eine Schaufel … Nun ja, der Stein im Schuh hat Reinhard danach nicht mehr gestört, nur noch die zwei gebrochenen Arme. HP sah bei seiner Erzählung aber wieder die positiven Seiten: „Der hatte Glück im Unglück – die Putzmaschine ist dabei umgekippt, da waren die Arme dann schon eingegipst."

Was nicht passt, wird passend gemacht.

Junger Mann
zum Mitreisen gesucht

Ich trete ja sehr viel als Büttenredner im Karneval auf – von Aachen bis Koblenz, von Köln bis Düsseldorf, von Mönchengladbach bis Dortmund. Die meisten Auftritte finden dabei in Dörfern statt. Und bei den Sitzungen machen dann auch tatsächlich alle mit – wer tanzen kann, wird Funkenmariechen, wer singen kann, kredenzt Faschingslieder, wer bekloppt im Kopf ist, wird Redner, wer akrobatisch etwas drauf hat, geht in die Showtanzgruppe – und wer nichts kann, der sitzt im Elferrat. Wer nichts kann, aber zähe Leberwerte sein Eigen nennt, der ist der Präsident. Und überall höre ich im Foyer: „Ja, Karneval ist hier was los, sonst sterben leider viele Feste aus. Die Schützen haben jetzt aufgehört, einen Ball zu organisieren – da kam keiner mehr." Viele solcher Beispiele könnte ich nennen, aber man bekommt immer gesagt: „Ja gut, Kirmes, das haben wir noch."

Die Kirmes ist tatsächlich das Event, das niemals aussterben wird. Und was findet man immer? Egal, wie klein das Dorf ist (manche Dörfer in der Eifel sind ja so klein, da ist das Ortseingangsschild gleichzeitig das

Ortsausgangsschild)? Den Autoskooter. Ohne den Selbstfahrer läuft keine Kirmes. Bei uns in Nickenich kann man die Attraktionen an einer Hand abzählen: Kinderkarussell, Enten angeln, Schießbude, Dosen werfen und Autoskooter. Es gab in grauer Vorzeit auch ein Kettenkarussell, das wurde aber abbestellt, nachdem unser stämmiger Bürgermeister auf dem Kettenkarussell jemanden überholt hatte. Es reichte uns Heranwachsenden aber. Natürlich gab es noch den Bierbrunnen, die Pommesbude und den Süßigkeitenstand, bei dessen Anblick einem sofort die Zähne ausfielen. Aber wer kann schon rosa Zuckerwatte und gebrannten Mandeln widerstehen? Auf einem Dorf wird die Kirmes immer mit dem Baumstellen eröffnet. Die Hälfte des Junggesellenvereins hievt das Monstrum gerade, die andere Hälfte steht auf der anderen Seite, falls die Jungs zu heftig drücken und der Baum in Schieflage gerät. Früher wurde immer so lange fixiert, bis HP mit der Wasserwaage sein (senkrechtes) Okay gab. Heute sticht der Bürgermeister einfach noch ein zweites Fass an und dann wird sich der rechte Winkel herbeigetrunken; die meisten Besucher sehen dann sowieso zwei Bäume und bald den Baum vor lauter Wäldern nicht. Die Gesundheitsindustrie predigt doch, dass man sich auch mal vier Tage lang nur von Flüssigkeit ernähren soll. Auf dem Dorf heißt das Kirmes. Als Kind ist das Größte die Fahrt auf dem Karussell: im Polizeiauto hupen oder im Hubschrauber den Hebel ziehen, damit dieser in die Lüfte schwebt. Für mich war tatsächlich der Stand, an dem man Enten angeln durfte, das Paradies. Denn nach sechs Enten gab es den Hauptgewinn: einen Goldfisch. Keinen Nemo aus Plüsch, sondern einen echten Fisch. Den bekam man im wasserdichten Frischhaltebeutel – liebe Tierschützer, natürlich gefüllt mit der nötigen Flüssigkeit – und war stolz wie Oskar. Das war quasi der erste selbst gefangene Fisch. Jedes Jahr war ein goldiger Gesell mein Eigentum. Diesen setzte ich dann mit meinem Vater in unseren Gartenteich; einige lebten etliche Jahre, quasi The Grätest Hits. Einer schaffte es fast bis zum Teich. Ich ging mit meiner Mutter schon nach Hause und mein Vater blieb noch, um mit dem Angelverein ein paar Biere zu zischen. In seiner Obhut befand sich ein Wasserbeutel mit einem Goldfisch, den ich Willi getauft hatte. Nun sind Angler ja nicht tot, sie riechen nur so, also konservieren sie ihren Körper mit Schnaps und anderen Leckereien. So auch an diesem Kirmesabend, die Spirituosen gingen runter wie ein dickes Kind auf der Wippe. Mein Vater war also nicht mehr ganz Herr seiner Sinne, als er den Heimweg antrat – Willi im Schlepptau. Unser Haus liegt auf einer Höhe, dem Heidental. Und obwohl es Tal heißt, geht es richtig steil bergauf. Aber das sind die Rätsel des Lebens: Auf alten Fotos sieht man jung aus und im Alter bekommt man im Gesicht Falten, obwohl am Hintern so viel Platz ist. So auch das hohe Tal, das unter Einheimischen gerne Kängurugebirge genannt wird. Die Gangart meines Vaters war eh schon gebückt, also stieß er sich an der Steigung die Stirn am Bürgersteig. Durch den Schreck ließ er den Beutel mit Willi fallen und dieser platzte auf – liebe Tierschützer, natürlich der Beutel! Der Goldfisch lag nun auf der Straße – neben meinem Vater. Beide zappelten um die Wette, aber mein Papa ist ein Held, und so stand er wieder auf und begann, nach Willi zu suchen. Vielleicht wurde Pixar dadurch zu seinem Filmhit Findet Nemo inspiriert. Nachdem mein Vater Willi gefunden hatte, fragt er sich: Wohin nun mit dem Goldfisch? Der Beutel war leer und das Wasser rann das Tal hinunter. Jetzt erinnerte sich mein Vater an einen alten Spruch seines Opas: Morgenstund hat Gold im Mund. Der Morgen brach schon an und von Gold war weit und breit keine Spur zu sehen, aber ein Goldfisch war da. Sie ahnen es! Er nahm Willi in den Mund und ließ seinen Speichelfluss strömen. Sogar sein Gang wurde vorsichtiger, denn er wusste: Ein Schreck und Willi befände sich eine Etage tiefer und würden dann wohl erst am nächsten Tag wieder auftauchen. Es hätte auch alles geklappt, wäre die Nachbarin Liesel nicht schon am frühen Morgen zum Briefkasten gegangen, um nach der Rhein-Zeitung zu sehen. „Guten Morgen, Karl", dröhnte es aus ihrer Kehle und mein Vater, ein gut erzogener Mann, grüßte zurück. Aber mit vollem Munde spricht man nicht. Ein Schluck und Willi weg, Platz also für: „Guten Morgen, Liesel!" Ich habe bitterlich geweint. Der erste große Verlust in meinem Leben. Als die Nachbarin von dieser Geschichte hörte, lud sie uns alle zur Wiedergutmachung zum Essen ein – es gab Forelle.

Als Jugendlicher sind die kleinen Stände dann nicht mehr wichtig, man steht vier Tage lang am Autoskooter. Denn man ist ja cool. Der Selbstfahrer übt auch heute noch seinen Reiz aus: Immer wenn ich über eine Kirmes gehe, befindet sich dort der Jugendtreffpunkt. Es gibt Nebel, grelle Lichter, und es wird Musik gespielt, die die Eltern verabscheuen. Damals war das die beginnende Technowelle der 90er. In dem Kirmesjahr, an das ich mich noch genau erinnern kann, war DER Autoskooterhit Saturday Night von Whigfield. Der Song wurde rauf und runter gespielt – besonders weil der Schausteller nur diese Maxi-CD dabei hatte, und so wechselten sich Radio-Mix, Nite-Mix, Beagle-Mix und Dida-Mix im Minutentakt ab. Das Vegetieren am Autoskooter war schon seltsam, das Geld reichte meistens nur für vier Fahrten pro Tag und den Rest der Zeit stand man dort in Grüppchen herum, konnte sich aber wegen der lauten Musik ohnehin nicht unterhalten. Die Jungs mussten sich gegenseitig mit Sprüchen übertrumpfen (Mein Lieblingsspruch: „Na, Schmidt, bist du immer noch Jungfrau?" „Ne, frag doch mal deine Schwester." „Ich habe gar keine Schwester." „Dann warte mal neun Monate!") und Mädels versuchten, von ihrem Schwarm eine Runde mitgenommen zu werden. Die Jungs interessierten sich auch sehr für das weibliche Geschlecht, wobei man ein paar Meter weiter am Bierbrunnen sah, was Interesse nach 30 Jahren Ehe bedeutet: „Max, willst du für deine Frau ein Bier?" „Warum nicht?!? Das ist ein guter Tausch!"

Und dann gab es beim Selbstfahrer immer den Helden – denjenigen, der den Universalschlüssel für alle Gefährte besaß, um sie cool rückwärts einzuparken. Früher wurden diese jungen Männer zum Mitreisen gesucht, heute werden sie zum Aufreißen gebucht. Was heißt gebucht, sie bekommen kein Geld dafür, es ist meistens der Kamerad aus der Brennpunktfamilie, der angesprochen wird, ob er diese Aufgabe erfüllen wolle – und natürlich wollte er. Die Autos, die auf der Fläche stehen, werden von ihm im Stehen mit einer Hand – mit dem anderen Arm hält er sich an der Stange fest – rückwärts an die Absperrung gefahren. Am besten ist noch, wenn er den Universalschlüssel an seiner Gürtelschnalle befestigt hat. Dann schauen ihm endlich mal alle Mädchen auf die Hose. Aber es wirkt! Ein bis zwei Mädels schleppen diese Kerle immer ab. Frauen auf dem Dorf sind eben wie WLAN: Sie erkennen alle Geräte, verbinden sich aber nur mit dem stärksten. Männer sind dagegen das fleischgewordene Bluetooth: An jedes Gerät, das in Reichweite ist, wird angekoppelt. Ich war damals übrigens derjenige, der allen Mädchen den Kopf verdreht hat – okay, es war eher so, dass ich sie anschaute und sie den Kopf wegdrehten. Noch heute bin Single und das mit über 30 Jahren – und hier erkennt man auch die Verkupplungsunterschiede zwischen Stadt und Dorf. In Köln höre ich von Freundinnen häufiger: „Geh doch mal mit der aus, die spielt auch Theater, die mag auch gerne Grönemeyer, die passt super zu dir, ihr könnt euch über Literatur und Filme unterhalten und die ist auch nicht so der Partyhengst. Die hat ein tolles Lächeln und mag korpulentere Männer. Die hat auch eine Vorliebe für Städtereisen, das würde bestimmt super funktionieren." Verkupplung auf dem Dorf: „Geh doch mal zu der, die ist auch Single." Pragmatisches Denken: Er alleine, sie alleine – passt.

Interessen werden sich im Laufe der Zeit schon finden. Vielleicht sollte ich da wirklich nicht zu kompliziert denken, sonst ende ich wie die Kandidaten bei Bauer sucht Frau. Übrigens finde ich es schade, dass bei dieser Sendung die Landbevölkerung so dargestellt wird, als würde sie glauben, das Wort Schweinsteiger sei ein Ausbildungsberuf. Wer schaut denn so etwas? Niemand! Genau, deswegen hat die Sendung auch Einschaltquoten wie Wetten dass …? zu seinen besten Zeiten. Das ist wie damals Tutti Frutti, das hat auch nie einer geguckt. Mit der Sendung wurde ich übrigens aufgeklärt, das hatte Folgeschäden – ich werde heute noch geil, wenn ich eine Obstschale sehe. Aber von Tutti Frutti hatte ich kleines Dorfkind Anfang der 90er-Jahre meinen ersten erotischen Traum. Da stand Hugo Egon Balder und kündigte die Frauen an: Samantha Fox als Kirsche, Claudia Schiffer als Himbeere, Brigitte Nielsen als Pfirsich – und dann folgte Hella von Sinnen als Wirsing, da war es vorbei. Bei Bauer sucht Frau gab es mal eine Folge, da stand der Bauer neben seinem Bäuerchen – also neben seiner Frau – vor einer großen Schafweide, beide einen Intelligenzquotienten von … nun ja, Knäckebrot hat mehr. Der Dialog der beiden lautet dann auch folgendermaßen:

Er: „Guck mal, das sind meine Schafe."

Sie: „Das sind schöne Schafe."

Er: „Ja, das sind alles meine Schafe."

Sie: „Wie viele Schafe sind das denn?"

Er: „Keine Ahnung, immer wenn ich die zähle, schlafe ich ein."

Sie: „Was machst du denn, wenn ein Schaf mal nicht spurt?"

Er: „Dann nehme ich einen Knüppel und hau drauf."

Sie: „Daher kommt das Wort Mähdrescher?"

Plötzlich machen zwei Schafe miteinander Liebe.

Er: „Oh, das würde ich jetzt auch gerne machen."

Sie: „Kannst du doch, sind doch deine Schafe."

Seiner Angebeteten stellt man auf dem Dorf in der Nacht vom 30. April auf den 1. Mai einen Maibaum auf. Zusätzlich werden auch noch Streiche gespielt. Bei manchen Mädels kam es am Haus oft zu Schlägereien, weil zwei Verehrer einen Baum stellen wollten; der Stärkere gewann und der Klügere kippte nach (Frustsaufen). Manche Bäume werden auch mit Krepppapier und Herzen geschmückt, da zeigt der Mann aus dem Dorf dann seine romantische Seite – er reißt für seine Geliebte Bäume aus. Dumpfbackens Dieter war im zarten Alter von 20 Jahren auch verliebt, allerdings schien ihm der Weg in den Wald dann doch etwas zu weit und so klaute er einen Baum vom Friedhof. Diesen schmückte er mit den Schleifen der alten Kränze, die dort irgendwo in der Ecke lagen. Also zierte am 01. Mai ein Baum das Elternhaus eines Mädchens, an dem gut sichtbar eine Schleife mit der Aufschrift „Vielen Dank, der Männerchor" hing. Das Mädel musste jedenfalls viele Fragen ihrer Eltern beantworten – und der gefällte Baum fiel auch schnell wieder um.

Muttersprache: Dialekt

Heute werden Kinder gelobt, die zweisprachig aufwachsen. Das ist kalter Kaffee, jedes Dorfkind wächst
zweisprachig auf: Im Dorf lernte man Dialekt und daheim
oder in Erziehungsinstitutionen Hochdeutsch. Natürlich
ist der Dialekt auch etwas Essentielles in Städten, aber
dort gibt es eine spezifische Sprache (Kölsch, Berlinern
etc.). Jedes Dorf hat aber seinen eigenen Dialekt, der
übergeordnet von der Region geprägt ist. Um sich von
anderen Orten abzugrenzen, wird die dialektale Sprache
innerhalb der Dorfgrenzen abgeändert. Es gibt zum Beispiel nicht das Eifler Platt, sondern Hunderte von Variationen. Es gibt also durchaus die Möglichkeit, dass Sie in
zwei Dörfern, die Luftlinie 10 Kilometer voneinander
entfernt sind, andere Aussprachen hören.

Nehmen wir das Eifler Platt, dort kann man an der
Konjugation des Verbs „gehen" die verschiedenen Spiel-
weisen des Dialekts ablesen.

In maulfaulen Orten geht eins ins andere über und der
Vokal wird niemals geändert:

ich jeh
du jehst
er/sie/es jeht
wir jehn
ihr jeht
sie jehn

Dörfer, die eine gewisse Kreativität in sich tragen, ändern dies, zum Beispiel durch das Hinzufügen eines Umlauts und/oder das Verändern von Vokalen:

ich john
du jähst
er/sie/es jeht
wir john
ihr jeht
sie john

Es klingt dann irgendwie melodischer. Meistens sind in diesen Orten auch kreativere Berufe zu finden. In Bell, einem Dorf bei Mendig, gab es viele Backofenbauer und diese erfanden eine Geheimsprache – das Läppe Tallep –, um sich auf Montage über die Kunst des Ofenbaus so zu unterhalten, dass keiner die Ideen stehlen konnte. Ich wage sogar die These, dass der Dialekt zur Identitätsfindung eines Ortes beiträgt. Sehen Sie sich Hannover mit seinem perfekten Hochdeutsch an. Ich finde, der Stadt fehlt etwas. Beantworten Sie sich mal die Frage, wofür Hannover steht. Na, da muss man lange überlegen, oder? Zumindest länger als bei Städten wie Berlin, Köln, München etc. Der Dialekt befördert das Wesen der Einwohner in die äußere Wahrnehmung der Stadtseele.

Die Maulfaulheit ist in Dörfern, wo viele Bauernhöfe zu finden sind, ausgeprägter. Man sagt einfach das Nötigste, um nicht von der Arbeit abgelenkt zu werden.

In meinem Dorf gibt es vier Bauernhöfe – ich merke gerade, dass man als Dorfkind Wendungen wie „Mein Dorf" verwendet. Man fühlt sich als wichtiger Teil dieser kleinen Gruppensiedlung. Landwirtschaft hat bei uns eine sehr große Tradition, es wird die Geschichte erzählt, dass sogar schon während des Zweiten Weltkrieges ein heimischer Bauer einen amerikanischen Flieger mit der Mistgabel runtergeholt hat – gut, nicht vom Himmel, sondern von seiner Frau. Er wurde mal angezeigt, weil es verboten ist, im eigenen Garten Angehörige zu bestatten. Die Anzeige wurde aber zurückgezogen, weil er nachweisen konnte, dass es keine Angehörigen waren. Landwirte vergruben damals alles im Garten – von D-Mark-Scheinen bis hin zu notariellen Urkunden. Das können Sie heute noch finden, es ist ein bisschen wie Geocaching – nur ohne Koordinaten. Quasi eine Schnitzeljagd, bei der Sie wirklich noch ein Schnitzel finden. Das war die Zeit, als der Knecht der Bäuerin noch sechs Mal am Tag unter den Rock gefasst hat – die hatte nämlich ein Holzbein und da hing der Schlüssel vom Traktor dran. Aus dieser Zeit stammen auch die alten Bauernregeln, die wir als Kinder noch in der Schule gelernt haben:

„Die kalte Sophie macht alles hie."

„Märzenschnee tut den Zarten weh."

„Abendrot, schön Wetterbrot."

„Entfernen sich die Bienen nicht weit von der Beute, erwarten Schlechtwetter Land und Leute."

„Frösche auf Stegen und Wegen deuten auf baldigen Regen."

„Pankraz, Servaz, Bonifaz machen erst dem Sommer Platz."

Ob diese Regeln alle stimmen, wage ich zu bezweifeln, aber Reime waren Krücken für die Landwirte. Sie hatten ja damals nichts anderes. Wir waren in der Dorfschule jedenfalls so angetan von diesen kleinen Gedichten, dass wir selbst welche fabrizierten:

„Wenn der Knecht vom Dache pieselt, denkt der Bauer, dass es nieselt."

„Cremen sich die Schweine ein, wird's ein heißer Sommer sein."

„Wenn sich das Jahr dem Ende neigt, der Bauer in die Wanne steigt."

„Sind die Hühner platt wie Teller, war der Trecker wieder schneller."

„Stirbt der Bauer schon im Mai, wird ein Gästezimmer frei."

„Hat der Melker kalte Finger, wird die Kuh zum Stabhochspringer."

Leider haben sich nur die lustigen Sprüche durchgesetzt, mit den ursprünglichen Reimen kann heute kein Kind mehr etwas anfangen – weder in der Stadt noch auf dem Dorf. Die Zeiten ändern sich. Es gibt bei uns heutzutage sogar einen Bio-Bauernhof. Und dieser Trend setzt sich durch: Seitdem ich nur noch Bio-Obst kaufe, haben die Fruchtfliegen gesunde rote Bäckchen. Auf dem Bauernhof sind die Hühner so glücklich, die legen Überraschungseier. Die Rinder gehen freiwillig in die Sonne, bis sie Black Angus Rumpsteak medium sind. Einmal im Monat stellt der Bio-Bauer seine zwei dicksten Kühe, Jaqueline und Edeltraud, in den Pferdeanhänger – dann fährt er mit denen mit 180 Kilometer die Stunde 42 Runden durch den Kreisverkehr; danach gibt die eine Käse und die andere Sauerrahm. Ein Slogan des Bauernhofs ist „Gutes Gras gibt gute Milch" – ich habe seine Rindviecher allerdings noch nie kiffen sehen. Selbstverständlich ist ein natürliches Aufwachsen ohne Wachstumshormone besser. Wir wurden als Kinder damit auch vollgepumpt, das ist aber lange her – da war ich noch ein ganz kleines Mädchen. Die Verschlechterung der Lebensmittelindustrie hat allerdings auch ein paar wenige Vorteile: Wenn Sie Grippe haben und viel Antibiotika und Flüssigkeit zu sich nehmen sollen, dann essen Sie einfach eine Hühnersuppe – da ist beides drin. Ich habe bezüglich des Einkaufsverhaltens der Dörfler beobachtet, dass sie eher zu den „normalen" Bauern gehen und die Leute aus der Stadt zum Bio-Bauer fahren. Das muss jeder für sich selbst entscheiden. Hauptsache man hat Schwein. Das hat der biologische Landwirt aber leider nicht, denn er findet keinen Nachfolger für seinen Hof. Kinder hat er nicht, weil ihm das Spritzen in jeglichen Bereichen verboten ist. Einige Interessenten haben sich das Gelände bereits angesehen, aber die Auflagen für diese Höfe sind sehr streng und so muss der Käufer ein Fachmann in dem Bereich sein. Es scheint aber lukrativ zu sein, letztens stand ein Auto mit einem sauerländischen Kennzeichen in der Hofeinfahrt. Der interessierte Käufer war selbst Bauer und begutachtete genau den Hof. Leider fand er den Bienenstock, denn es gibt dort auch Honig zu kaufen. Sehr ungewöhnlich, als die Einheimischen den Landwirten zum ersten Mal in Imkermontur sahen, dachten sie, da wäre eine Islam-Schule. Nun ja, das Geschäft war fast schon unter Dach und Fach, aber der Bauer aus dem Sauerland konnte sich nicht zum Kauf aufraffen, da er gegen Bienen allergisch war. Der Bio-Bauer versicherte: „Diese Bienen sind harmlos, die schwirren hier ein bisschen rum, dann hört man nur ‚Sum, sum, sum' – die würden nie einen Menschen stechen. Ganz im Gegenteil, wenn denen einer entgegenkommt, fliegen die rückwärts, um Platz zu machen. Dann hört man nur ‚Mus, mus, mus'. Ich kann mit Ihnen einen Deal eingehen – ich binde Sie jetzt nackt hier an diesen Pfahl und wenn Sie innerhalb von vier Stunden von nur einer Biene gestochen werden, bekommen Sie den Hof für die Hälfte!" Der Sauerländer war natürlich etwas verwundert, aber er kam selbst vom Dorf und deswegen kannte er die Bräuche – außerdem ließ ihn die Aussicht auf den Kaufrabatt einwilligen. Nach zehn Minuten befand er sich dann nackt, stehend und gefesselt am Pfahl – Karl May hätte seine wahre Freude daran gehabt. Der Bio-Bauer verrichtete weiter seine Arbeit und ging nach der vereinbarten Zeit wieder zu den Bienenwaben. Der Sauerländer hing dort wie ein Schluck Wasser in der Kurve, er sah aus wie der Kahle Asten. Schweiß rann ihm über die Stirn und Angst war in seinen Augen zu erkennen. Der Bio-Bauer befreite ihn von seinen Fesseln: „Um Gottes Willen, das tut mir leid, hat Sie denn wirklich eine Biene gestochen?" Aber der Sauerländer entgegnete nur: „Nein, aber hat das Kälbchen da hinten keine Mutter?"

Bei einem Bauernhof an der Hauptstraße erzählt mein Vater mir heute noch, dass er an diesem Weidenzaun meine Mutter zum ersten Mal geküsst und geliebt habe. Informationen, die man als Kind nicht unbedingt wissen will. Zur Silberhochzeit gingen sie wieder dorthin und mein alter Herr setzte Mama wie damals auf den Zaun, und es wurde der Liebe gefrönt. Es war leidenschaftlicher und heftiger als damals; mein Vater glaubt, das läge daran, dass er mittlerweile ein besserer Hecht sei – ich glaube, es lag daran, dass der Zaun damals noch nicht elektrisch war.

Damals bekamen wir den Großteil unserer Lebensmittel vom Bauern. Kalorien wurden nicht gezählt, und es wurde das gegessen, was schmeckt. Am geschmorten Bauchlappen fand sich noch die Schwarte und das Traditionsgericht der Eifel, Döppekoche (Topfkuchen, eine Art Kartoffelauflauf), wurde mit durchzogenem Speck zubereitet. Wenn man auf dem Dorf sagt „Wir müssen Fett verbrennen!", dann wurde der Grill angeschmissen. Bei uns musste das Fleisch in der Pfanne erst noch das Seepferdchen in der Butter machen. Von der Eifel lernen, das heißt Wiegen lernen. Deswegen sehen viele von uns – mich eingeschlossen – auch aus wie kleine Basaltbrocken. Aber wenn der Vulkan unter dem Laacher See mal ausbricht, werden wir als Korken mit einem Hubschrauber zum Stopfen des Kraters heruntergelassen. Auch die Fastenzeit auf dem Dorf ist eine tolle Erfahrung, man pult zwar die Haut von der Wurst, aber das Fleisch isst man immer noch. Und jeder hat diese eine Oma, die immer kocht, als sei die ganze Fußballmannschaft eingeladen, und die stets die obligatorische Frage stellt: „Willst du noch was?" Egal, wie deine Antwort lautet, der Teller ist danach wieder so voll, dass du kein Porzellan mehr siehst. Essen bei einer Oma im Dorf ist wie Essen im All-you-can-eat-Restaurant – wobei, da kannst du selbst entscheiden, wann du satt bist. Deswegen gibt es mittlerweile auf jedem Dorf auch eine Dönerbude; weil Fleisch dort einfach ein Publikumsmagnet ist. Viele würden den Dönerspieß gerne wie einen Maiskolben verputzen: Fleisch mit Beilage Fleisch.

Dieses Jahr im Sommer hatte HP, Handwerker Peters, wieder zur jährlichen Grillfeier in seinen Garten eingeladen. Es war wie damals die Neandertaler in der Höhle, nur dass die Frauen nicht an den Haaren zur Schlafstelle gezogen worden. Wenn HP mit seinem Anhänger voll Kanistern mit flüssigem Grillanzünder in das Dorf kommt, erleiden viele Schweine einen Herzinfarkt – denn sie wissen: Dieses Fest überlebst du nur schlecht. Es wurde geklönt, gefuttert und gesoffen beziehungsweise die spezielle Dorfdiät zelebriert: die Alkoholdiät. Was das ist? Nach sieben Flaschen ist es dir scheißegal, wie fett du bist. HP hatte sogar seinen Schwager, Besserwissers Burkhardt, eingeladen. Er wohnt mit seiner Frau in der Stadt, er ist Lehrer, sie hat auch nichts zu tun. Sie hatte noch eine Freundin dabei, ein zärtlicher Dreitonner, die sofort in die Runde rief: „Ich bin Veganerin!" Man erkennt Veganer ja daran, dass sie es jedem auf die Nase binden. HP schaute sie nur an und fragte: „Und wie viele Hektar frisst du so am Tag?" Die Stimmung hätte nicht besser sein können, es stellte sich aber heraus, dass Burkhardt und Frau ebenfalls dem veganen Trend verfallen waren, genauso wie ihr Sprössling – hey, das passt bei Veganern ja sogar! Der Junge verweigerte sich sogar den Gummibärchen, wir Dörfler versuchten zu helfen: „Guck mal, das sind ja auch keine echten Bären, die sind aus Gummi." Aber nichts zu machen. Burkhardt bemerkte nur irgendwann: „Der gegrillte Tofu schmeckt aber komisch!" Okay, er aß den Grillanzünder, aber HP konnte ihm diesen Bären aufbinden. Die dicke Freundin schickte er in den Schuppen, da sei ein kaltes veganes Buffet – es war der Komposthaufen. Aber nach der üblichen Bitburgerspülung legte sich die Spannung und alle feierten wie früher.

Das kenne ich übrigens auch noch aus meiner Jugendzeit: Jeden Samstag war irgendwo eine Party, nicht nur im eigenen Dorf. Und das ist ein Gefühl, das nur Dorfkinder kennen: vom Nachhauselaufen nüchtern werden! Später, als man ein Auto hatte, kannte man den

Promilleweg – also die Landstraße, auf der nie eine Polizeikontrolle stattfand. Ich weiß gar nicht, ob das heute noch in der Form möglich wäre. Die Modernisierung und Globalisierung haben vieles kaputt gemacht. Auch das Einkaufen im Dorf wird schwerer, weil viele selbständige Bäckereien schließen und nur noch Filialen aufgemacht werden. Früher bestellte man mit dem Finger: „Dat do! Dat do! Dat do!" Heutzutage läuft das etwas anders: Handwerker Peters stand vor mir in der Schlange bei einer großen Discountbäckerkette, und ich habe mir im Auto sofort den Dialog aufgeschrieben, weil das Realcomedy vom Feinsten war:

HP: „Davon 10!"

Verkäuferin: „Wovon?"

HP: „Na, zehn Brötchen?!?"

Verkäuferin: „Zehn Normale?"

HP (schon wieder die Halsschlagader auf Anschlag): „Ne, vier Bekloppte, drei Verrückte und drei Geisteskranke – alle noch ein Partyhütchen auf und um die Tüte 'ne Girlande!"

Die Verkäuferin schaute verdutzt, die Dorfcomedy ging aber noch weiter.

HP: „Und noch zwei von den runden Dingern da."

Verkäuferin: „Das heißt Schnecke."

HP: „Ja, Schnecke, dann zwei von den runden Dingern da."

Zu meiner Bestellung sind wir gar nicht mehr gekommen, weil ich vor lauter Lachen fluchtartig den Laden verlassen musste.

Mir passierte so etwas aber in der Stadt auch schon: Ich ging in eine Bäckerei und bestellte Amerikaner. Es wurde sehr still und die Angestellte berichtigte mich: „Die heißen jetzt Preußentaler – Amerikaner ist zu rassistisch." Ich versicherte mich, ob sie mich eventuell veräppeln wolle, aber es war ihr Ernst. Auf dem Dorf kannst du jedenfalls noch ungestraft Negerküsse bestellen, und du brauchst keine Angst haben, dass von hinten jemand brüllt: „Das heißt maximalpigmentierte Schaumwaffeln mit Migrationshintergrund".

Leben auf dem Dorf ist schon einfacher und gerade der Dialekt ist ein Trampelpfad der Sprache, das bedeutet, man kann Abkürzungen gehen, um schneller ans Ziel zu gelangen. Es gibt jedoch einen Bereich, in dem der Dörfler zu sprachlichen Höhenflügen in der Lage ist: bei der Hymne auf den Ort. Zwar wissen viele Menschen, dass berühmte Städte ihre jeweiligen Hymnen haben (man denke nur an Hamburg, meine Perle, In München steht ein Hofbräuhaus, Hey Kölle und andere), aber dass auch jedes Dorf, das etwas auf sich hält, ein Lied über seine Schönheit und Einzigartigkeit aufweisen kann, ist ihnen häufig nicht bewusst. Und hier muss ich parteiisch werden: Jedes Dorf besitzt seine Hymne, ja! Aber Nickenich hat die schönste. Und das sage nicht nur ich, das sagen auch andere Nickenicher! Geschrieben wurde sie von Willi Bartz, einem der besten Musiker und Alleinunterhalter in Rheinland-Pfalz und darüber hinaus. Sie können ihn heute noch buchen – ein Erlebnis. Und er kredenzte meiner Heimat dieses Lied, mit dem ich das Kapitel beenden

möchte. Danach kann ich auch vor lauter Rührung nicht
mehr weiterschreiben …

Oh Du, mein Nickenich
(Musik und Text: Willi Bartz)

Am Fuß der Laacher Berge
liegt stolz der schöne Ort.
Wer einmal hier gewesen,
der möcht' nie wieder fort.
Wo goldig frohe Menschen
so gern beisammen sind,
da lacht man gern, da küsst man gern,
und trinkt auf Du und Du,
wo könnte es denn schöner sein.
Wir rufen alle Dir zu.

Oh, Du mein Nickenich,
Du schönes Fleckchen Erde.
Ich bleib' Dir immer treu,
auch wenn ich älter werde.
Such in der weiten Welt,
ich irgendwo mein Glück.
Ich halte fest zu Dir und kehr zu Dir zurück,
ich lass' Dich nie im Stich, Du goldiges Nickenich.

Dort, wo die alten Römer schon
gezecht in froher Rund‘
und tranken manchen Schoppen aus,
ein frohes Lied im Mund.
Da woll‘n auch wir heut‘ fröhlich sein,
denn Stunden voller Glück,
soll man genießen Tag für Tag,
sie kehren nie zurück.
Drum hängt Euch ein und singt mit mir
dies‘ Liedchen nur für Dich.

Oh, Du mein Nickenich,
Du schönes Fleckchen Erde.
Ich bleib‘ Dir immer treu,
auch wenn ich älter werde.
Such in der weiten Welt,
ich irgendwo mein Glück.
Ich halte fest zu Dir und kehr zu Dir zurück,
ich lass‘ Dich nie im Stich, Du goldiges Nickenich.

Es zieht sich

Nein, mit der Überschrift meine ich nicht das Mach-werk, das Sie gerade in den Händen halten. Ich hoffe, für Sie zieht es sich nicht. Und hey Kids: Ihr seid schon im letzten Drittel angelangt, nicht mehr weit, dann habt ihr ein weiteres Buch zu Ende gelesen. Und das hat doch gar nicht wehgetan, oder? Man muss sich auch mal auf so eine Reise einlassen. Apropos Reise: Wir haben noch zu wenig das Thema gestreift, wie sich der Dorfmensch außerhalb seiner Ortsgrenzen verhält. Es ist doch auch mal interessant, ihn in freier Wildbahn zu erleben. Nun ja, der Dörfler verlässt seine Gefilde auf längere Zeit eigentlich nur aufgrund dreier Unternehmungen:
- Tagesausflug
- Wochenendtrip
- Urlaub

Er tut das natürlich ungerne, aber der Zweck heiligt die Mittel. Frag einen Einheimischen mal: „Wie lange brauchst du von hier nach Hamburg?" Er antwortet: „Och, da musst du im Prinzip hier links aus dem Dorf herausfahren – und dann zieht es sich." Das ist im Prinzip das Intervall für eine lange Strecke: „Es zieht sich." Die Frage ist dann immer nur: Wie lange zieht es sich? Oder ist es hinten kürzer als vorne? Auch da kennt der Dörfler die Antwort: „Och, ein ganzes Stück." Präziser kann er nicht werden. Vielleicht war Columbus auch nur ein Dorfbewohner, der irgendwann auf hoher See gesagt hat: „Das zieht sich aber, fahr mal hier rechts ran."

Tagesausflüge sind easy, Eifelaner fahren mit dem Zug von Andernach nach Köln. Sie erkennen sie daran, dass die Eifelaner ein bis zwei Kästen Bitburger dabei haben, Frauen meistens ein paar Flaschen Prosecco. Natürlich kommt es dann vor, dass im Abteil eine zickige alte Dame sagt: „Ich wusste gar nicht, dass das hier ein Lastentransport ist!" Sie erkennen den Dörfler daran, dass er ihr erwidert: „Aber Leichenwagen steht draußen auch nicht dran."

In Köln gehen die Frauen dann shoppen und die Männer ins nächste Brauhaus, bis sie dann – natürlich je nach Alter – abends gemeinsam in einem Tanzlokal eine flotte Sohle aufs Parkett legen. Wobei: Sie tanzen eher nach Instinkt und würden jetzt nicht unbedingt bei Let's Dance gewinnen. Wenn männliche Dorfbewohner tanzen, erinnert es meistens an die Schritte, die man macht, wenn man mit heruntergelassener Hose vorsichtig vom Klo kommt, um Nachschub an Toilettenpapier zu besorgen. Das habe ich letztens gemacht, die haben beim ALDI vielleicht doof geguckt. Dann schnappt man sich ein Taxi, um die letzte Bahn nach Andernach noch zu erwischen, und stellt belustigt fest, dass die Cousine des Taxifahrers aus dem Nachbardorf kommt. Das ist übrigens ein großes Faszinosum: Ich treffe oft Menschen, die tatsächlich etwas mit dem Namen Nickenich anfangen können. Irgendeiner der Verwandtschaft ist dorthin verheiratet oder man hat seinen Kanarienvogel dort beim Züchter abgeholt oder oder oder. Auf jeden Fall sind Tagesausflüge üblich, und zwar besonders bei unseren Fußballfans, die Bundesliga-heimspiele sehen wollen. Köln, Mönchengladbach, Mainz und Kaiserslautern sind da beliebte Ziele. Dörfler bleiben aber bei solchen Ausflügen stets in Gruppen zusammen, denn alleine würden sie sich in einer Großstadt niemals zurechtfinden. Meine Oma sagt immer: „Wenn du mich in einer großen Stadt aussetzt, würde ich nicht mehr nach Hause finden." Komisch, dass mein Vater ihr zum Geburtstag jetzt einen Ausflug mit ihm nach Frankfurt geschenkt hat …

Auf dem runden Geburtstag meiner Oma waren auch viele Gäste, die von außerhalb angereist waren, den Bock hatte aber jemand aus der Kernfamilie abgeschossen. Mein Cousin verkündete stolz: „Oma, ich habe mich verliebt!" „Wer ist es?", plärrte es direkt aus der rüstigen Dame. „Oma, es ist jemand aus dem Nachbardorf." Ein Schock für die Oma, man verliebt sich schließlich nur im eigenen Ort, und so wurde sie zum Detektiv: „Aber es ist nicht die Brunhilde, oder? Das ist ein Flintenweib, mit der wirst du keine Freude haben. Und schlepp mir auch nicht die Elfriede an, die zieht sich doch an wie ein Kakadu, der sprechende Buntspecht da. Und die Lisa auch nicht, oder? Die ist die Schlimmste, die hat die Zeitung von der Pfarrgemeinde ungelesen in den Mülleimer geschmissen!" Mein Cousin gab Entwarnung:

„Es ist keine von denen, es ist Klaus-Jürgen." Oma begann zu weinen: „Das kannst du mir nicht antun, der Klaus-Jürgen ..., der ist doch evangelisch."

Wochenendtrips macht der Eifelaner auch gerne – auf der einen Seite die, die Spaß machen, und auf der anderen Seite die mit seiner Frau. Wobei er das auch schön findet, aber man hört trotzdem immer Aussagen wie: „Ich muss mit meiner Frau nach Stuttgart ins Musical." Wenn der Alte dann mal da ist, ist natürlich auch alles gut. Okay, man kann einen männlichen Dorfbewohner zwar nicht für Cats begeistern (übrigens würde dieses Musical im Dialekt nicht funktionieren, in Bayern hieße es dann ja „KOTZN"), aber bei Starlight Express ist er sofort dabei. Wettrennen auf Rollen, das kennt man im Dorf nur, wenn die Rollatoren sich beim Kirmes-Seniorennachmittag die besten Plätze sichern wollen. Dabei läuft dann aber eher Musik von Bata Illic und Jürgen Marcus als von Andrew Lloyd Webber. Oberhausen, Stuttgart und ganz besonders Hamburg sind die beliebtesten Ausflugziele der musicalaffinen Dorfbewohner. Hamburg auch für die Sorte, die mit musikalischem Empfinden nicht prahlen können – also Männer.

Was wollen die in Hamburg? Nun ja, früher gab es in jedem Dorf mindestens vier Kegelclubs, in Nickenich sogar noch mehr. Da wurde auch eine jährliche Kegelmeisterschaft ausgetragen, die mit einem Krönungsball endete. Da kämpften „Die Holzköpp" gegen „Alle Neune" und nachher gewann die Damenmannschaft „Mama, bück dich!". Kegeln ist der Volkssport des kleinen Mannes und einfach zu organisieren, weil jede Dorfkneipe eine Kegelbahn hat. Wer wüsste das besser als ich, weil diese Räume häufig meine Künstlergarderoben sind. Und für das Kegeln musst du nichts können, ich wiederhole: nichts! Es wird nur als sportliche Aktivität getarnt, in Wirklichkeit ist es eine Mischung aus drei Ts: Tratschen, Trinken, Talentlosigkeit. Eine schnelle Kugel donnern oder eine ruhige Kugel schieben kann jeder, außer er ist querschnittsgelähmt. Du wirst Dörfler auch für nichts anderes begeistern können, schon gar nicht für die amerikanische Variante. Wenn Dorfbewohner das Wort „Bowlen" hören, denken sie an Modern Talking und machen sofort dicht. Auf der Kegelbahn gibt es ein Fenster und das ist immer belagert von Rauchern – der Weg nach draußen wäre zu weit, weil die Bahn entweder im Keller oder wenigstens im hinteren Trakt der Gastwirtschaft liegt. Selten kommt es vor, dass dann jemand im Stehen auch mal ein Bier verschüttet, dann rutscht die Kugel besser oder die Wirtin wischt die Sauerei schnell mit einem Mopp weg – so entstand dann später das olympische Curling. Die Kegeltour war das zentrale Ereignis dieser Vereine und da die Mannschaften geschlechtsspezifisch getrennt waren, fuhren die Männer nach Sauerlandstern, Westerwaldtreff oder Dorf Münsterland, während die Frauen nach Dorf Münsterland, Sauerlandstern oder Westerwaldtreff fuhren. Wenn sich der amerikanische Promihype, Kinder nach Zeugungsorten zu benennen, auch in Deutschland durchgesetzt hätte – einer der drei Orte wäre bei jedem dritten Dorfkind der Vorname.

Es gibt sogar Gerüchte, dass manche Männer auf den Kegeltouren so besoffen waren, dass sie versehentlich mit ihrer eigenen Frau schliefen. Das hat man sich gegenseitig dann noch lange vorgehalten. Im Prinzip war es aber eine ehrliche Art des Betrügens. Heute gibt es Internetportale, die einem dabei helfen, sich zu verabreden, um mal ohne Konsequenzen fremdzugehen, früher reichte dafür ein Mitgliedsausweis im Kegelclub. Die Feuerwehrmänner unter den Besuchern liefen bei diesen Touren auch immer mit offenem Hosenstall herum, ja, auch da waren sie in Bereitschaft. Ein guter Freund von mir ist Alleinunterhalter und hat jahrelang in solchen Ausflugslokalitäten gearbeitet – ich könnte Ihnen da Storys erzählen, aber davon soll er besser selbst in seinen Memoiren berichten; außerdem lesen hier noch Kinder mit (ihr seid doch noch da, oder? Wenn nicht, habt ihr jetzt echt was verpasst!). Wenn der Kegelclub dann in die Jahre kommt, wandelt man ihn zu einem Stammtisch um. Im Prinzip ist es wie vorher, nur muss man nicht alle zehn Minuten den Tisch verlassen, um eine Kugel zu schmeißen. Der Verein wird geöffnet und die Ehefrauen dürfen – besonders an Feierlichkeiten – dabei sein. Einer muss ja die Salate machen. Die Männer fahren allerdings immer noch einmal im Jahr zusammen weg und da Kegelhotels an Reiz verloren haben, geht es dann meistens nach München oder Hamburg. Ich war ebenfalls zusammen mit meinem Stammtisch „Promillesilo" da – wackere Dorfburschen, die Bier nur an Tagen mit „g" trinken … ja, und mittwochs. Natürlich waren wir auch etwas Kultur tanken (Wachsfigurenkabinett,

Landungsbrücken etc.), aber meistens waren wir auf dem Kiez tanken. Das war für uns Dorfjungs eine komplett andere Welt – als wenn man mit einer Kindergartengruppe durch einen Toys „R" Us läuft. Die Augen werden groß und aus dem Mund kommt das Gestammel: „Will haben, will haben, will haben!" Freizügigkeit und das Geschäft mit der Liebe sind auf dem Dorf ein Tabuthema. Natürlich weiß man als Pubertierender, warum auf dem Weg nach Weißenthurm ein paar Wohnwagen stehen, oder was das rote Licht am Haus im Mendiger Industriegebiet zu bedeuten hat. Naja, aber man erfährt sehr schnell, dass das älteste Gewerbe der Welt dort seine Gründungsmitglieder ausstellt. Und wie doof ist bitte die Idee, in einem Industriegebiet, in dem es von Handwerkern nur so wimmelt, ein Bordell zu betreiben?!? Das führt doch zu Missverständnissen! Dumpfbackens Dieter sah da Frauen hinter Fensterscheiben sitzen, klopfte an das Glas und fragte „Wie teuer ist das?" Eine der Damen teilte ihm mit: „70 Euro." Er war von den Socken: „So billig? Ist das kein Thermoglas?" Eine andere ging zu Handwerker Peters, was an sich schon ein Fehler war, und hauchte ihm ins Ohr: „Für 40 Euro mache ich alles, was du willst!" Sie verlegte dann bei ihm Laminat. Aber die Reeperbahn ist da schon ein anderes Pflaster – zunächst gingen wir etwas verschämt durch die Straßen, man hat ja immer Angst, gesehen zu werden. Und dann muss man sich als Dörfler auch noch durchfragen, wo denn das anvisierte Ziel genau ist. Man sieht blinkende Lichter und eine tolle Frau, die aber Olivia Jones auf der Großen Freiheit war. Einem Kumpel musste ich erklären, dass er besser nicht versucht, sie ins Bett zu kriegen. Ich versuchte es mit Humor: „Dominik, guck mal, wenn Olivia alleine in der Sauna sitzt, ist das eine gemischte Sauna." Dann suchten wir die verruchte Herbertstraße und dachten irgendwann, sie vom Geruch her zu erkennen – fälschlicherweise waren wir jedoch auf dem Fischmarkt gelandet. Es war eine sehr wilde Fahrt, und wir haben geschworen, nichts davon nach außen dringen zu lassen. Übrigens ist es für Dörfler ein Unding, wenn bei den verschlüsselten Programmen im Hotel die Aufforderung „Bitte geben Sie ihre Zimmernummer ein" steht. Der Junge vom Land kommt dem natürlich verständlicherweise nach, man ist doch freundlich und vielleicht benötigt die Dame, die da verpixelt stöhnt, ja einen Arzt. Ein Freund hat die Rechnung gegessen, damit seine Mutter diese nicht im Koffer findet. Aber von diesen Erlebnissen könnte man noch jahrelang erzählen. Womit wir bei einem weiteren Charakteristikum von Dorfbewohnern wären: dem Schwelgen in der Vergangenheit. Man erzählt so gerne von früher und davon, was man mit dem oder dem erlebt hat. Und manche Geschichten sind auch beim 80. Erzählen noch lustig. Die Zukunft ist für ein Dorf eher nebensächlich, denn die kommt ja schon morgen, wenn wir Pech haben. Das Hier und Jetzt ist ausschlaggebend und die Vergangenheit bildet das Fundament. Denn durch Erlebnisse lernt man – ich persönlich werde zum Beispiel nie wieder umziehen, wenn im Ort Sperrmülltag ist. Bevor die Müllabfuhr ihren Weg durch die engen Gassen findet, kommen Sprinter, die alles einladen, was nicht am

Bürgersteig angeschraubt ist. Mein geliebter Ohrensessel befindet sich vielleicht sogar bei Ihnen daheim, dafür habe ich seit diesem Zeitpunkt eine Ausziehcouch. Das Zukünftige mag keiner so gerne, gerade nicht, wenn das Jetzige in Ordnung ist – und auf dem Dorf ist es immer in Ordnung, da wir Mechanismen haben, um schlechte Laune zu beseitigen. Wer alleine in der Stadt lebt, geht mit seinen Sorgen ins Bett – vielleicht liegt die größte Sorge auch daneben. Wenn man dann keinen Freiraum oder Zufluchtsort hat – wie die Dorfkneipe, den Kegelverein, den Stammtisch, die Kirmes etc. –, wird aus der rosaroten Brille schnell ein Kassengestell.

Ich mag die ländliche Gemeinschaft, weil sie dich vergessen lässt, was nicht mehr zu ändern ist. Es gibt bei uns im Dorf sogar einen männlichen Stammtisch, dessen Mitglieder alle im selben Jahr geboren sind. Und mein Großonkel Hans war dort der Organisator, daher bekam ich das auch immer hautnah mit. Einmal im Jahr traf man sich dann, um sich und die anderen zu feiern:

50. Geburtstag: Alle: „Hans, wo gehen wir denn dieses Jahr hin?" Hans: „In die Burgklause." Alle: „Warum?" Hans: „Da laufen Bedienungen rum, so etwas Scharfes habt ihr noch nie gesehen."

60. Geburtstag: Alle: „Hans, wo gehen wir denn dieses Jahr hin?" „In die Burgklause." „Warum?" „Da gibt es richtig lecker Essen und gutes Bier."

70. Geburtstag: Alle: „Hans, wo gehen wir denn dieses Jahr hin?" „In die Burgklause." „Warum?" „Alles ebenerdig, Parkplatz direkt vor der Tür."

80. Geburtstag: Alle: „Hans, wo gehen wir denn dieses Jahr hin?" „In die Burgklause." „Klasse, da waren wir ja noch nie."

Kommen wir zum dritten Grund, warum der Dörfler sein Dorf für längere Zeit verlässt: Urlaub. Der Dörfler liebt Urlaub, denn darauf spart er das ganze Jahr und vielleicht ist dieses Ventil des Ausbrechens wichtig, um auch Distanz zu seinem Umfeld zu bekommen und seinen Horizont zu erweitern. Das muss aber geplant werden, deswegen ist der Urlaub für Landbewohner so wichtig. Wir können samstags beispielsweise nicht mal spontan ins Kino gehen, denn bis man endlich da ist, laufen sämtliche Vorstellungen schon lange. Jetzt ist der Dörfler aber auch kein Freund vom Fliegen – man kommt vom Land, deswegen will man auch selbiges fahren. Europa ist also das Reiseziel der Wahl. Und wie würde das Reisejournal eines Dorfbewohners aussehen? Vielleicht so:

„Wir waren in Italien. Ich mit dem Hund Wasti, meinen zwei Kindern und meiner Frau. Die Reise verlief anfangs sehr beschwerlich, da wir früh morgens auf der A61 direkt in einen Stau gerieten und einige Zeit mit dem Auto standen. Gut, dass es nicht weit von zu Hause weg war, so konnten wir noch daheim zum Frühstücken gehen. Die Strecke nach Italien zieht sich sehr und mit quengelnden Kindern ist man immer kurz vorm Ausrasten. Irgendwann waren sie aber still, und wir hörten nichts mehr. Da fiel meiner Frau auf, dass wir die Kinder an der letzten Raststätte vergessen hatten. Also schnell zurück und zwei Kinder eingepackt. Corinna weinte bitterlich und Kevin hört jetzt auf den Namen „Stefan". Irgendwann fragte mich meine Frau, ob wir gerade den Brenner überfahren hätten, ich konnte ihr aber nicht sagen, wie der Opa geheißen hatte. Irgendwann bemerkte ich, dass sie mit Brenner den Grenzpass zwischen Tirol und Bozen meint. Brenner, ein komischer Name. Stefan drehte dann auch prompt seine Lieblings-CD in Kreisen über den Boden, weil er dachte, dass sie sich dann verdoppelt. Unsere erste Anlaufstelle hatte etwas mit Urin zu tun, es war Turin – nein, falsch, Pisa. Wir aßen Spaghetti und achteten auf unsere Garderoben, beim Stammtisch erzählte Basaltbrockens Erich nämlich, dass Italiener ein diebisches Völkchen seien. Währenddessen klaute man uns die Spaghetti. Auch die Kreditkarte meiner Frau war weg. Ich habe sie aber nicht sperren lassen, denn derjenige, der sie geklaut hat, gibt viel weniger Geld aus. In Italien sind viele Ausländer, zum Beispiel Italiener. Bei unserer Rundreise wären wir einmal fast ertrunken, denn wir gingen in Venedig auf Straßenexkursion. Aber die Rikschas in den Städten Italiens sind eine Wucht. Okay, auf dem Markusplatz hat meine Frau ganz schön ziehen müssen, aber die Aussicht war es wert. Ich hörte bei uns im Dorf, dass Italiener nicht die fleißigsten Menschen seien, meine Frau meinte aber, das seien bloß Klischees. Hat die eine Ahnung! Klischee habe ich mir im Hotel morgens auf mein Brötchen gestrichen. Aber leider stimmt das mit dem Fleiß scheinbar doch: Wir waren am Kolosseum, da steht noch der Rohbau, das machen die seit Jahren nicht fertig. Dann waren wir noch bei den Scheinheiligen im Vatikan in der sexistischen Kapelle, schön gemacht, das muss man sagen. Aber an der Decke waren nur Schmierereien von diesem Nino de Angelo; gut, dass ich noch flüssige Raufaser im Kofferraum hatte, da habe ich mal ein bisschen drüber gestrichen. Die Hotels waren sehr gut, eins hatte drei Sterne, die konnten wir auch nachts durch das Dach sehen, und auf dem Kopfkissen lag sogar eine Praline. Als ich sie mir nehmen wollte, lief sie allerdings weg. Die Italiener nehmen es mit Gesetzen und Regeln nicht ganz genau. Eines Tages saßen die mit fünf Mann im Audi Quattro. Dabei wissen selbst wir Dörfler, dass „Quattro" vier heißt. Aber meine Frau meinte, dass ich da nicht urteilen dürfe, ich sei schließlich schon mal mit einem Kollegen zusammen im Fiat Uno gefahren. Italien ist aber voller Menschen, besonders in den Fußgängerzonen. Wir hielten unsere Kinder fest an den Händen und hatten den Hund unter dem Arm. Irgendwann fragte mich jemand, warum unsere Kinder so alt seien und nur Italienisch sprächen und da fiel mir auf, dass wir versehentlich zwei sizilianische Rentner an der Hand mitgenommen hatten. Man hätte es ahnen können, sie waren kleiner als unsere Kinder. Also schnell zurück zur Piazza Venezia und zwei Kinder gegriffen. Corinna weinte bitterlich und Stefan hört jetzt auf den Namen „Martina". Wir gingen jeden Tag italienisch Essen, das macht man ja so in fremden Ländern. Und was soll ich sagen, es war fantastisch! Die machen hervorragende Jägerschnitzel und auch der Sauerbraten war nicht schlecht. Wir sprachen sehr viel mit Einheimischen, also jetzt nicht mit den Italienern, die versteht man ja so schlecht, sondern mit Urlaubern aus Rheinland-Pfalz. Einer kam sogar aus einem unserer Nachbarsdörfer. Wir zeigten uns gegenseitig auf der Digitalkamera Bilder von unserem Ort. Touristen sagten dann irgendwann zu uns, wir sollten doch bitte zur Seite gehen, sie wollten gerne den Trevi-Brunnen fotografieren. Die kommen bestimmt aus der Stadt, wenn die noch nie einen Brunnen gesehen haben … Meine Kinder wurden ziemlich nass, denn ich schickte sie zum Tauchen in den Trevi-Brunnen, weil da unten ganz viele Geldstücke lagen und was man hat, das hat man! Eine Touristenführerin klärte uns dann auf, dass man sich beim Reinwerfen des Geldes etwas wünsche könne. Ich wollte also fünf Euro in den Brunnen werfen, aber leider hatte ich nur noch einen Zwanzig-Euro-Schein, also warf ich den ins Wasser und ließ Martina die restlichen Fünfzehn Euro herausfischen. Ansonsten ist Italien sehr schön, fast so schön wie unser Dorf. Deswegen habe ich dieses Reisejournal geschrieben. Ich hoffe, dass das Eifelblatt meine Geschichte abdruckt und den Brief, den ich geschrieben habe, erhalten hat. In dem Brief habe ich geschrieben: Liebes Eifelblatt, wenn Sie diesen Brief nicht erhalten haben, dann melden Sie sich bitte bei mir. Ich habe eine Kopie anfertigen lassen, das heißt, meine Frau hat ihn nochmal abgeschrieben, und diese Kopie sende ich Ihnen hiermit zu. Ich habe extra langsam geschrieben, weil Dorfbewohner sehr faul sind und nicht so schnell lesen wollen. Ich kann diese Reise jedem sehr empfehlen. Trotzdem waren wir froh, dass wir irgendwann wieder nach Hause konnten. Dort erwartete uns ein tragisches Schicksal: Mein Nachbar, Stinkstiefels Ludwig, der auf unser Haus aufpassen sollte, war bei uns auf den Terrassenfliesen ausgerutscht und hatte sich ganz schlimm den Hoden geprellt. Das ist der Wahnsinn – das mit dem Wünschen am Trevi-Brunnen funktioniert wirklich. Einen schönen Urlaub!"

Der Tag,
an dem das Dorf still stand

Viele behaupten ja, dass der Dorfplatz der zentrale Angelpunkt eines Ortes sei. Geographisch stimmt das gewiss, aber für mich ist die gute alte Turnhalle das Herz eines Dorfes. Denn da findet man das wahre Leben. Diese Hallen sehen in jedem Dorf gleich aus – sie befinden sich hinter der Grundschule und dürfen von allen Vereinen und Ortsgruppen genutzt werden. Architektonisch sind diese Gebäude nicht zu unterscheiden. Ich glaube sogar, dass ein Dorf in Deutschland den Grundriss zeichnete und diesen an alle anderen Bürgermeister sendete, deren Orte bis zu 4000 Einwohner haben. Dort pulsiert das Leben, denn in Turnhallen ist immer was los. Drei Mal im Jahr wird sogar eine Bühne hineingebaut – für die Karnevalssitzung, den Kirmesfrühschoppen und die Theateraufführung der Musical-AG. In der Woche werden dort morgens die Kinder gestählt und abends die Erwachsenen gequält: Zirkeltraining, Rückenschule, Zumba, Yoga – die Angebote sind vielfältig und gut besucht. Außerdem trainieren dort die örtlichen Tanzgruppen ihre Performance für Karneval und Wettbewerbe. Nachmittags, nachdem die Putzfrauen feucht durchgewischt hatten, tritt die Altensportgruppe Turne bis zur Urne an. Dort rocken Döppekochens Hedwig und ihre Golden Girls tierisch ab. DJ Thrombose hat seinen tragbaren Kassettenrecorder dabei und damit wird den Mädels Feuer unter dem Hintern gemacht. Meine Oma sagte immer: „Alten Menschen zu helfen, ist dement wichtig!"

Deswegen freut es mich, dass in meinem Dorf jetzt ein Altenheim eröffnet hat. Für ältere Menschen ist die Nachricht, in so ein Heim zu müssen, schon erschreckend genug – und dann müssen sie dafür meistens auch noch in die Stadt. Viele Gemeinden erhalten aber jetzt Zuschüsse, um solche Seniorenresidenzen auch in kleinen Orten anbieten zu können. Bei uns ist es das Haus Resterampe – das ist noch der Arbeitstitel, es gab bei der Gemeindeversammlung Unstimmigkeiten. Das Haus sollte ursprünglich nach unserem Bürgermeister Gottfried Busch benannt werden, also „Gottfried-Busch-Haus" – da sind aber die Emanzen auf die Barrikaden gestiegen und wollten, dass diese Einrichtung nach seiner Frau benannt wird, um der Gleichberechtigung Herr ... äh ich meine Frau zu werden. Das Schild war schon bestellt, „Gottfried-Busch-seiner-Frau-ihr-Haus", es gab dann aber wieder Beschwerden, deswegen warten wir noch auf den offiziell bestätigten Namen. Bei einer Weihnachtsfeier in unserer Turnhalle wurde jetzt der Zauberer krank, und ich sollte einspringen – als Zauberer. Ich bin zwar Bühnenkünstler, aber Illusionen verkaufe ich ungerne, wobei ich mir von meinem ersten Geld einen Zauberkasten gekauft habe. Die Faszination dafür war immer schon da. Okay, das kostete auch damals nichts – da waren die Zeiten eh noch andere. Da konnte ich mit fünf Mark in den Tante-Emma-Laden und kam mit drei Tüten Chips, zwei Tafeln Schokolade, fünf Hubba Bubbas und einer Flasche Limo wieder heraus – das wäre heute undenkbar, weil überall Überwachungskameras hängen. Den Abend als Zauberer nahm ich aber als Herausforderung an. Ich liebe Auftritte für karitative Zwecke und spende meine komplette Gage ja seit Jahren an eine Wohltätigkeitsorganisationen: Die heißt ‚Dicke arme Künstler aus der Eifel‘. Als Kind habe ich auch schon immer älteren Damen über die Straße geholfen, nur haben die sich gewehrt, weil die da eigentlich bloß standen, um auf den Bus zu warten.

Also ging es mit Zylinder und Zaubermantel zum Haus Resterampe. Da fragte ich mich erst: Wo muss ich hin? Muss ich auf die erste Station? Auf die zweite Station? Nein, ich musste zur Endstation. Da fällt Ihnen aber gar nichts mehr ein! Glauben Sie mir, dass ich das überlebte, grenzt heute noch an ein Wunder. Es ist toll, wenn Sie eine Bühne betreten und rufen:

„Seid ihr gut drauf?“

„WAAAAAS?“

„Seid ihr gut drauf?“

„WORAUF?“

„Mein Name ist Kai, also, wie heiß ich?“

„Schwester Maritta, hier hat schon wieder einer seinen Namen vergessen!“

Es war furchtbar! Das einzig Schöne: Meine Sitznachbarin hatte mir die ganze Zeit eine Schale mit Nüsschen entgegengestreckt, die waren lecker. Ja, ich saß neben dem Ehrenfunkenmariechen der Station: Beinchenhebers Eusepia. Seit 70 Jahren am Trapez und ernährt sich seit 60 Jahren nur noch von Kaffee und Ferrero Küsschen. Sie tritt auf der Station aber nicht mehr auf, seit sich vor drei Jahren Krückstocks Karl bei ihrer Hebefigur die Hüfte verknackste und ihr das Gebiss in hohem Bogen rausflog, durch den Saal schoss und nur durch das Volumen von Dauerwelles Gertrud gestoppt werden konnte, die mit einem kessen Hüftschwung das Gebiss an den Deckenventilator pfefferte – an dem es seitdem festklemmt.

Jetzt werden dort nur noch Profis engagiert – oder ich. Und ich gab mir solche Mühe und lieferte eine perfekte Show ab: Ich lasse eine Dame in der ersten Reihe aus einem Stapel eine Karte ziehen, schaue sie mir nicht an, sie steckt die Karte wieder hinein, mischt, ich mache einen unglaublich guten Trick, baue ihn zehn Minuten lang auf, ziehe zum Finale diese Karte aus der Handtasche der Frau und sage vor dem staunenden Publikum: „Und sagen Sie uns nun, war das Ihre Karte?"

„Äääh, bis wann müssen Sie dat denn wissen? Keine Ahnung … Jupp, war dat die Karte?"

Jupp spuckte nur: „Da waren Zahlen drauf – und so en Symbol, Pik oder Herz?"

„Ja, der Mann fragt mich, ob dat die Karte war?"

„Och der Tünnes weiß doch noch nicht mal, wie er heißt, woher soll der deine Karte kennen?"

Aus lauter Frust aß ich bei Eusepia die komplette Nüsschenschale leer. Dann folgte meine Jonglage in der Mitte des Saals – mit drei Bällen: ein roter, ein grüner, ein blauer. Ich warf alle zeitgleich so schnell in die Luft, dass es den Anschein hatte, sie verschwänden. Plötzlich kam etwas herunter, ich griff danach, es war der rote Ball, das Publikum rief: „Ooooooh!" Plötzlich kam noch etwas herunter, ich griff danach, es war der grüne Ball, das Publikum rief: „Ooooooh!" Plötzlich kam zum dritten Mal etwas herunter, ich griff danach, es war der blaue Ball, das Publikum rief: „Ooooooh!" Und dann kam plötzlich noch etwas herunter, ich griff danach, es war das Gebiss von Beinchenhebers Eusepia, das Publikum rief: „Iiiiiih!" Ja, das Gebiss musste sich durch die Wucht der Bälle irgendwie gelöst haben. Ich verbeugte mich also und sagte: „Und, sind das alle Bälle?" Ruft die Dame aus der ersten Reihe: „Ne, et war die Pik 6!"

Und wissen Sie, was das für ein Gefühl ist, wenn das einzige Highlight an einem Auftrittstag leckere Nüsschen sind? Ich war so deprimiert, traurig und habe auch etwas geweint. Im Flur kam mir dann aber Eusepia entgegen, lächelte, nahm mich in den Arm und sagte: „Danke Kai, es war so schön – und dass ich mein Gebiss wiederhabe ... Jetzt kann ich endlich wieder richtig Ferrero Küsschen essen. Es war einer der schönsten Tage meines Lebens!" Und das zauberte auch mir ein Lächeln ins Gesicht, da weiß man dann wieder, wofür man das Ganze macht. Ich ging Richtung Ausgang, drehte mich noch einmal winkend zu Eusepia um und rief: „Wie haben Sie denn eigentlich vorher ohne Zähne Ihre Ferrero Küsschen gegessen?" Sie lächelte: „Ich habe die immer gelutscht und die harten

Nüsschen in eine Schale getan." Warum bin ich bloß so verfressen?!?

Auch wenn in meinem Dorf ein reichhaltiges Sport-angebot zur Verfügung stand, so war mein Körper davon nie wirklich beeindruckt. Ich schleppe momentan 125 bis 130 Kilogramm mit mir herum und das ist natürlich auch der guten Ernährung in der Heimat – und der Gewöhnung an diese großen Portionen – geschuldet. Dörfler sehen das aber nicht tragisch, ich habe oft Sätze gehört wie: „Deine Beine sind halt etwas weit hinten." Mein Arzt hat mir das Turnen verboten, denn er wohnt unter mir. In der Stadt gibt es natürlich ein Fitnessstudio neben dem ande-ren, aber was soll ich da? Sport gibt einem das Gefühl, dass man nackt gut aussieht, aber Dorfkinder wissen, dass dir dieses Gefühl auch zwei Flaschen Tequila geben. Eine Kette wirbt mit dem Slogan: „Fitnessstudios sind wie Urlaub!" Und das stimmt: Alle schwitzen, überall liegen Handtücher und keiner dann Deutsch. Als Land-junge kann man sich damit nicht anfreunden, man beschränkt sich auf die natürlichen Bewegungen. Früher, als alle Dörfler entweder auf dem Feld oder auf Baustellen richtig hart gearbeitet haben, vollzog sich die Ertüchtigung automatisch. Heute muss man leider etwas dafür tun. Ich war bei uns im Dorf einmal beim Yogakurs, und die Trainerin war eine sehr ökologische Frau: Sie kaufte keine Tampons, sie kaufte Watte, denn sie drehte selbst. Ich war ziemlich aufgeregt und hoffte, dass ich nicht meine innere Mitte suchen müsste, denn das hätte dauern kön-nen. Ich kam in die Turnhalle und nahm einen Waldduft wahr, die Trainerin hatte nämlich Räucherstäbchen von Tannen- bis Laubaroma entzündet. Sie sagte mir: „Kai, mach einfach das, was du kannst." Dann habe ich ein Nickerchen gemacht, weil im Raum viele Matten lagen. Yoga ist immer noch besser als Rumsitzen und nichts tun. Es wurde dann aber doch noch anstrengend, denn die Dame ließ unseren Kurs als erstes die Kerze ausprobieren. Sie müssen sich vorstellen, Sie liegen da auf der Matte und müssen die Beine in Intervallen wie ein Klappmesser nach oben strecken, was schon schwer genug ist. Die Trainerin gab uns dann den Rest, da sie bei jedem Mal, wenn wir unsere Fußsohlen gen Himmel streckten, mit einem Stimmton, der sie als Dorfsirene qualifiziert hätte, rief: „Lektion 1: Kerze …, Lektion 1: Kerze …, Lektion 1: Kerze!" Hoch und runter, hoch und runter ging es, und ich hatte mittags ein Spezialität meines Dorfes gegessen: Bohnensuppe. In Kombination mit ruckartigen Bewegungen führte das zu Irritationen in meiner Darmgegend. Kurzum, ich hatte Angst, gleich ein Blähboy zu werden. Die Dame machte aber unbeirrt weiter: „Lektion 1: Kerze …, Lektion 1: Kerze …, Lektion 1: Kerze!" Da entwischte mir plötzlich ein Analseufzer mit dem Volumen eines Atompilzes, und ich rief geistesgegenwärtig: „Lektion 2: Duftkerze …, Lektion 2: Duftkerze …, Lektion 2: Duftkerze!" Meine Ausdünstungen, vermischt mit dem Geruch der Räucherstäbchen, erzeugten einen Geruch, dass es in der Halle kaum auszuhalten war. Unser Frührentner, Hüftschadens Leo, bemerkte: „Das riecht, als hätte einer in den Wald geschissen." Wir einigten uns auf Bieryoga, tranken zusammen mit der Gruppe drei Kästen Bitburger – danach waren die Übungen leichter. Die Trainerin verließ wutentbrannt die Sportstunde und praktiziert seitdem nur noch in der Stadt.

Natürlich war mir klar, dass ich nach dieser Aktion Dorfgespräch war – sogar für drei Wochen. Damit stieß ich Warmduschers Christian vom Thron, der für ganze 18 Tage das Tratschthema gewesen war, als er bei einer Beerdigung der Witwe „Herzlichen Glückwunsch" anstatt „Herzliches Beileid" wünschte. Doch im Herbst 2014 sollten die Dörfer meiner Region für einen Tag still stehen, denn das größte deutsche Festival hatte entschieden, in unsere Heimat zu kommen. Mendig bekam den Zuschlag für Rock am Ring. Fernsehsender überströmten den Kreis, es war eine Sensation, die es seit Wacken nicht mehr gab: ein Festival in einer kleinen Gemeinde in einer doch eher strukturschwächeren Region. Wochenlang galt das JHQ Rheindahlen bei Mönchengladbach als Favorit, aber die Veranstalter entschieden sich für den Militärflugplatz Mendig. Endlich konnten wir sagen: „Ich komme da und da her, kennst du doch – da, wo Rock am Ring ist." Wir erhielten Bedeutung und alle bis 35 freuten sich, denn wir konnten die Konzerte sogar zu Fuß besuchen. Im Nachhinein betrachtet kann man objektiv sagen: Es war ein Desaster.

Rock am Ring blieb dann auch nur zwei Jahre in Mendig und ist jetzt wieder zurück am Nürburgring. Was war passiert? Um es vorwegzunehmen: Nicht jeder war von dem Festival begeistert. Die Mendiger sahen es eher zwiespältig: Die einen waren dagegen und die anderen fanden es nicht gut. Mein Vater sagte noch: „Oh Gott, dann kommen die ganzen Hottentotten. Die langhaarigen Bombenleger, die sich Haschisch in die Nase spritzen." Natürlich ist die Musikrichtung für Dörfler sehr erschreckend. In Nickenich schwärmt man immer noch davon, dass in den 70ern Howard Carpendale im Kirmeszelt aufgetreten war. Für Dörfler ist Heavy Metal eine Untergruppierung der IG Metall. Meine Oma wollte doch tatsächlich zu Rock am Ring, weil sie hörte, dass Ozzy (Osbourne) da singt: „Och, der Ossi kommt. Also den Wolfgang Lippert habe ich immer so gerne gehört." Der Flugplatz in Mendig wurde bis 2007 sogar noch als Militärflugplatz verwendet, mit einer Fläche von 187 Hektar. Auswärtige kennen die Location bestimmt, da dort immer verschiedene Beiträge von Kabel 1, RTL 2 und VOX gedreht werden. 2015 gab es dann auch bei Rock am Ring einen Besucherrekord: 90.000 Musikbegeisterte strömten in die Eifel. Und es gab nur 600 Dixi-Klos! Da war ein Harndrang – und auch ein Andrang. Viele gingen zum Verrichten ihres Geschäfts in die naheliegenden Büsche und Sträucher, deswegen gedeihen die jetzt auch so prachtvoll; die werden für die nächsten 100 Jahre gedüngt sein. Die Dörfler versprachen sich ein wenig zu viel von dem Festival, denn sie hatten folgenden Gedanken: „Unsere Orte sind ja so schön, da werden die Besucher sich das bestimmt anschauen wollen, und wir werden die Geschäfte aufmachen, um ordentlich Reibach zu machen." Liebe Landbevölkerung, an welchem Ort das Festival stattfindet, ist den Besuchern vollkommen wurscht, die wollen da eine gute Zeit haben und werden das Festivalgelände sowie die Zeltplätze niemals verlassen. Kleidungsboutiquen hatten das ganze Wochenende lang geöffnet und Restaurants hatten sich eingedeckt, als wäre Reiner Calmund auf Schlemmerreise in der Eifel. Pustekuchen. Manche Dorfbewohner haben sich aus Mitleid eine Jacke gekauft, damit die armen Frauen nicht ganz umsonst den Laden hüten mussten. Bei Rock am Ring spielten die Toten Hosen und in den Orten war tote Hose. Nur ein Supermarkt, der eine provisorische Filiale direkt am Konzertgelände errichtet hatte, konnte sich vor Kunden kaum retten. Nach 2016 strichen die Veranstalter aber wieder die Segel, was nicht an der Dorfbevölkerung lag. Die Gründe wären für ein satirisches Buch zu trocken und deprimierend. Viele meiner Freunde halfen bei Rock am Ring als Platzanweiser, aber da muss man halt wissen, dass Dörfler wirkliche Originale sind. Wenn die von einem Schlaumeier „Wo ist denn die Centerstage?" gefragt wurden, bekamen sie als Antwort: „Wat fragst du mich? Geh runter und guck selbst!" Gut, dass Siri in einer Großstadt entwickelt wurde. Käme das System vom Dorf, hätte man viel Spaß damit: „Siri, wo ist hier ein gutes Restaurant?" „Du faule Sau, da geht man auf die Straß' und macht die Augen auf. Bring mir aber ein Bier mit!" Ja, zwei Jahre hatten wir das Vergnügen mit Rock am Ring und neben einigen Konzertabbrüchen – das ländliche Wetter lässt sich eben von Stars nicht beeindrucken – war es doch eine schöne Erfahrung. Und wir können jetzt immerhin sagen: „Ich komme da und da her, kennst du doch – da, wo Rock am Ring war." Die Verbandsgemeinde plant aber schon ein weiteres Festival für die älteren Mitbürger: Stock am Ring. Florian Silbereisen moderiert, die Amigos bestreiten die ersten zwei Tage und die Tanzband „Die spritzigen Katheter" werden in der restlichen Zeit für feinste Stimmung sorgen. Ich hörte, dass in der Pause ein Zauberer auftreten wird – ich sage es direkt: Da kann ich nicht, da bin ich beim Yoga.

Dorftratsch in der Theorie

Tratsch interessiert alle Menschen – prominente Scheidungen, Insolvenzen, Sexskandale, das alles müssen wir wissen. Boulevardzeitschriften erfreuen sich größter Beliebtheit. Und wer hat's erfunden? Nein, nicht die Schweizer. Die Dorfbewohner! Das gute alte Dorfgespräch ist der Ursprung der Sensationslust, die Wiege des Gazettenjournalismus. Ich berichtete zu Beginn des Buches ja schon davon, dass sich ein Schnitt in den Finger im Unterdorf zu einem abgeschnitten Arm im Oberdorf entwickeln kann. Das Prinzip der stillen Post. Menschen lieben es, etwas dazu zu erfinden oder Sachverhalte auszuschmücken. Wenn Sie von einem Erlebnis berichten, werden Sie dies ja auch nie sachlich und objektiv tun, Sie bringen stets emotionale Wertungen mit hinein („Das Restaurant war sehr schön." etc.). Und je nachdem, wie weit Ihre Fantasie reicht, werden Tatsachen gerne auch mal interessanter erzählt („Das Restaurant ist der Knaller, der beste Tisch war sofort für uns frei." etc.). Jetzt ist es bei Dorfbewohnern zusätzlich so, dass sie eine interessante Fähigkeit des Hörens besitzen: das Weghören. Sie schnappen aus einem Satz Bruchstücke auf und bilden in ihrem Kopf daraus eine Logik. Beispiel: Ich erzähle meinem

Vater, dass ich einen Auftritt im WDR bei einer Kabarett-sendung habe. Er hört nur „WDR" und „Kabarettsendung" und formt daraus in seinem Kopf: „Mein Sohn bekommt im Fernsehen seine eigene Show!" Natürlich immer mit dem Zusatz: „Das muss ich jedem erzählen." Dann rast dies einmal durch den Dorftratschmechanismus, und ich werde Wochen später gefragt, wann ich denn jetzt endlich den Deutschen Fernsehpreis erhalte. Dorfbewohner haben auch nur begrenzte Kapazitäten im Hinblick auf das Namensgedächtnis. Sie hören Bruchstücke und speichern diese ab, und es ist ihnen nicht mehr möglich, das Abge-speicherte zu verändern. Eine Nachbarin fragt mich zum Beispiel immer, wenn sie mich sieht, ob ich denn schon mal Guido Kranz getroffen hätte. Ich berichtige sie dann immer und teile ihr mit, dass dieser Mann Cantz heißt, aber – wie eben schon gesagt – diese Information ist für einen Dörfler nicht mehr veränderbar. So glaubt mein Vater zum Beispiel, dass der Fernsehkoch Johann Laber und die Blubb-Frau Veronika Feldbusch heißt. Verbesse-rung zwecklos!

Diese Faktoren muss ich vorausschicken, weil ich an einem Beispiel den Dorftratsch in der Theorie erfassen möchte. Vielleicht wird dieses Kapitel auch als Doktor-arbeit anerkannt, denn die Suche nach dem Sinn im Dorf-gespräch ist wie das Finden des Bernsteinzimmers – prak-tisch unmöglich. Nun ja, in ganz kleinen Orten ist die Kaffeezeit mit Freundinnen und Freunden das Highlight der Woche. Deswegen heißt die schwarze Brühe auch Kaffee – der Name kommt schließlich von Kaff, da wurde sie als Krönung erfunden. Und was ist da das Thema? Natürlich, was im Dorf so los ist. Frauen haben da meistens immer etwas zu bereden, besonders wenn eine andere noch nicht da ist. Dieses Phänomen bemerke ich häufiger, wenn ich um den Laacher See gehe, denn dann kommen sie, die Laubsammlerinnen mit ihren Stöcken: Nordic Walkerinnen. Fünf Frauen auf einem Feldweg nebeneinander, das Klackern der Stöcke wird nur noch durch das Schnattern der Schnäbel übertönt. Die moderne Form der Stockenten. Und für Männer machen diese Panzerkreuzer der Flora und Fauna keinen Platz, da muss man sich hinter einem Baum verstecken, anderenfalls wird man am Ohrläppchen aufgespießt und bis zum Kloster mitgeschleift. Aber auch Männer lieben das Klönen, und sie lieben es, Geschichten über Gott und die Welt zu erfinden. Ich habe lange überlegt, wie das Phänomen des Dorftratschs funktioniert. An folgendem Beispiel kann man es meines Erachtens sehr gut erklären.

Es war ein ruhiger Tag vor ein paar Jahren in Nickenich. Kartoffelraffers Karin, eine der ältesten Omas im Dorf, kam vom Einkaufen und beklagte sich über den Zustand ihrer Straße. Die Nachbarskinder hatten einen dreckigen Fußball im Flösschen liegen gelassen, ansonsten war alles wie immer. Der Dorfpolizist, Kellenschwenkers Christian, wollte ein Knöllchen verteilen, aber der Fahrer war gewitzt und hatte die Scheibenwischer angelassen – keine Befestigung möglich. Kinder kamen aus der Schule, Mütter kochten das Mittagessen und Väter arbeiteten im Betrieb.

Ein Auto mit einem fremden Nummernschild – SU (Siegburg) – raste durch die Hauptstraße, was nicht ungewöhnlich ist, denn in unserem Dorf sagt man zu SU „Sau unterwegs". Das klingt hart, aber ich merke bei Fahrten über die Autobahn: Wenn ein Auto dich schneidet, ausschert ohne zu schauen, den Geschwindigkeitsrekord von Niki Lauda brechen will, Fahrspuren nach Gefühl wechselt, dann hat dieses Auto zu 85% das Kennzeichen „SU". Ob es an den Fahrschulen im Rhein-Sieg-Kreis liegt oder daran, dass die Autos der Siegburger früher traditionell aus Töpferware bestanden und dadurch nicht lange hielten, man also schnell am Ziel sein musste, kann ich nicht beurteilen. Dieser Fahrer visierte jedenfalls den Sportplatz an, der in den Nickenicher Wald mündet. Dort parkte er, blieb im Auto und rief die Polizei an: „Helfen Sie mir, ich stehe hier am Nickenicher Sportplatz und will mich umbringen." Die Motive weiß ich nicht, meistens ist es, weil die Freundin Schluss machte oder die Lebensumstände zurzeit suboptimal laufen. Das Gute ist: Wer noch um Hilfe rufen kann, der bekommt diese. Kaum einer wählt den Freitod, der vorher ein öffentliches Palaver darum macht. Ein Streifenwagen kam, der Mann wurde in die Rhein-Mosel-Fachklinik gebracht und kam dort in stationäre Therapie. Das Auto wurde auf dem Polizeirevier in Andernach abgestellt. Ende der Geschichte.

Tja, denkst de. Da hat man aber die Rechnung ohne Dorfbewohner gemacht. Was daraus gemacht wurde, dagegen ist eine Folge Game of Thrones Kindertheater. Nehmen wir einmal die Ausgangssituation:

Ein Mann aus Siegburg fuhr mit seinem Auto auf den Nickenicher Sportplatz, rief die Polizei an und erzählte, dass er sich umbringen wolle. Die Streife kam und brachte den Mann in Sicherheit.

Kellenschwenkers Christian bekommt dies aus Dienstgründen natürlich mit und ruft seinen besten Freund, Kanaldeckels Karl, an:
„Ey Karl, ein Mann aus Siegburg war mit seinem Auto am Sportplatz und sagte der Polizei, dass er sich umgebracht habe. Die kamen mit ein paar Streifen."

Kanaldeckels Karl bekommt das halb mit und erzählt es seinem Arbeitskollegen, Zementsacks Udo:
„Udo, du wirst es nicht glauben. In Nickenich ist was los. Da hat sich eine Memme aus Siegburg automatisch am Sportplatz umgebracht. Alles war voller Streifen."

Zementsacks Udo, der schon seit Jahrzehnten einen Sprachfehler hat und jedes „g" wie „sch" ausspricht, erzählte das abends seiner Frau, Lockenstabs Carina:
„Carina, eine Memme aus Sieschbursch war mit einer automatischen Waffe am Sportplatz und hat sich umgebracht. Da findet man sogar Streifen."

Carina traute ihren Ohren kaum und gestikulierte wild bei der Tupperparty von Dosenöffners Renate:
„Mädels, was mir der Udo da erzählt hat. Eine siechende Memme von einer Bursch hat sich mit einer automatischen

Waffe am Sportplatz umgebracht. Der streifte da sogar noch umher."

Dosenöffners Renate konnte die ganze Nacht nicht schlafen und klagte am nächsten Morgen der Kosmetikerin, Barackenrestaurierers Steffi, ihr Leid:
„Steffi, weißt du schon, was passiert ist?!? Eine siechende Memme hat einen Burschen mit einer automatischen Waffe am Sportplatz umgebracht, streift da noch umher."

Barackenrestaurierers Steffi ließ sofort die Hornhautraspel fallen und rannte auf die andere Straßenseite zu ihrem Freund, Münzenzählers Florian, dem Bankangestellten:
„Maus, es ist was Schreckliches passiert! Eine siechende Memme hat einen Burschen mit einer automatischen Sportwaffe umgebracht und streift noch um unseren Platz."

Florian wollte sie beruhigen, aber war selbst ein wenig perplex. Abends beim Fußballtraining raunzte er Flankendrehers Micha an:
„Micha, ich bin ganz kopflos, entschuldige! Eine siechende Memme hat einen Burschen mit einer automatischen Sportwaffe umgebracht und schnitt ihn in Streifen, weil er platzte."

Flankendrehers Micha wurde es mulmig zumute, und er verschoss wichtige Bälle. Um seine Fehler beim Trainer, Taktiktafels Henry, zu rechtfertigen, meinte er:

„Henry, in Nickenich ist die Hölle ausgebrochen. Eine siechende Memme streifte einen charismatischen Burschen mit einer Sportwaffe und platzte danach ohne Kopf los."

Henry verstand die Welt nicht mehr, aber bei der abschließenden Spielbesprechung wechselte er noch ein paar Worte mit dem Schiedsrichter, Pfeifenheinis Heinrich:
„Hein, die Zeiten ändern sich, es wird immer schlimmer. Eine siechende Memme streifte einen charismatischen Burschen beim Sport mit einer Waffel und dann platzte dem der Kopf. Ein schweres Los."

Pfeifenheinis Heinrich schüttelte den Kopf und fuhr direkt in die Kneipe, um diese Neuigkeit dem Wirt, Schaumkronens Klaus, zu erzählen:
„Klaus, mach mal paar Bier. Der Henry hat mir was erzählt … Ein siechender Mann hatte was an der Waffel und streifte einen charismatischen Sportler burschikos auf dem Platz mit dem Kopf."

Schaumkronens Klaus ging zu seiner Mutter, Kartoffelraffers Karin, die hin und wieder etwas in der Küche half und klärte sie auf:
„Mama, der Henry sucht einen riechenden Mann mit einer Waffe, und die Streife sucht auf dem Sportplatz einen Burschen ohne Kopf."

Karin erschrak, war der Fußball im Flösschen heute Mittag doch kein Ball gewesen, sondern der Kopf des Burschen?

Sie lief zum Zimmermädchen, Plümobezugs Nadine:

„Nadine, die Geschichte ist wirklich wahr, der Henry hat einen Riecher dafür. Ein siegender Mann war auf dem Sportplatz mit einer automatischen Waffe und sah eine Burg mit dem Kopf. Die Streife war sogar da."

Nadine, die erst ein paar Wochen zuvor ins Dorf gezogen war, konnte damit nichts anfangen und versuchte das Ganze in ihrem Kopf zu sortieren. Sie rief ihren Vater Gustav, Zahnarzt und Theaterkritiker einer Onlinezeitschrift, in der Stadt an:

„Papa, ich muss dir was vom Nickenicher Sportplatz erzählen. Da war ein Siegburger Mann mit einem umgebrachten Auto und einer Waffe und rief die Streife zu sich."

Gustav beruhigte seine Tochter und ging zu seiner Frau Elisabeth, Studienrätin in Teilzeit. Beim gemeinsamen Abendwein erhob er die Stimme:

„Elisabeth, stell dir einmal vor, was mir unsere Tochter berichtet hat. Ein Mann aus Siegburg fuhr mit seinem Auto auf den Nickenicher Sportplatz, rief die Polizei, der er erzählte, dass er sich umbringen wolle. Die Streife kam und brachte den Mann in Sicherheit."

Seine Frau schaute ihn an:

„Nein, das klingt so verrückt, das muss ausgedacht sein!"

154

Uffresche

„Man merkt, dass du aus einem Dorf kommst!" Diesen Satz höre ich häufiger von Freunden, wenn wir in der Stadt ausgehen. Ich vergleiche die Preise, hole mir nicht den teuersten Drink und esse brav den Teller leer. Und wenn es etwas auszusetzen gibt, sage ich das auch. Einmal am Tag habe ich auch meine fünf Minuten, wenn die Wut im Bauch heraus muss – und dann werde ich zum Eifelaner und fluche im Dialekt. Danach geht es mir wieder besser. Ich habe an der Uni Köln aus Interesse Psychologieseminare besucht und habe etwas wiedergefunden, das mir im Dorf schon in die Wiege gelegt wurde: das Uffresche (Dialekt für „Aufregen"). Der Professor an der Hochschule meinte, man solle nicht alles herunterschlucken, sondern die Unzulänglichkeiten der Welt auch einmal herausbrüllen. Deswegen: Werdet wie Dörfler! Ich habe in Nickenich die Einwohner gefragt, was ihnen so alles auf den Geist geht. Diese Sammlung möchte ich Ihnen hier präsentieren, bevor wir vielleicht gemeinsam am Schluss ein Fazit ziehen können, ob Dorfkinder wirklich besser leben.

Umfrage „Was hat Sie zuletzt so richtig aufgeregt?" (Ich übersetze die Antworten ins Hochdeutsche, Eifler

Platt ist beim Hören eine Wohltat, beim Lesen jedoch eher eine Herausforderung.)

„IBAN! Das macht mich fertig, ich habe acht Jahre gebraucht, um meine Kontonummer auswendig zu können, jetzt kommen die Arschlöcher mit IBAN um die Ecke. Das ist so eine Zahl mit acht Millionen Ziffern, von denen zehn Millionen Nullen sind. Und wissen Sie, wann Sie sich da verzählen? Immer! Man, freut sich, dass sein Kontoguthaben wächst. Nein, war wieder IBAN der Schreckliche am Werk – man bekommt die Scheiße zurücküberwiesen, weil man wieder irgendwo eine Null vergessen hat. Dann will man zur Bank fahren, um das mit denen zu klären, das kann man aber nicht, weil der Gerichtsvollzieher schon einen Kuckuck auf dein Auto geklebt hat, denn man bekommt ja die Rechnungen nicht überwiesen. Mittlerweile vergrabe ich das Geld und verschicke Schatzkarten, das geht schneller als das Überweisen mit IBAN: und dann BIC! Das regt mich noch mehr auf. Big problem sage ich da nur. Als ich das erste Mal die BIC von der Kreissparkasse gelesen haben, dachte ich: ‚Den kenne ich, der schafft bei uns.‘“

„Was mich so richtig aufregt? Wenn in der Mittagspause auf Verpackungen steht: ‚Leicht zu öffnen.‘ Dann weiß ich genau, ich brauche drei Gabeln, acht Messer, sechs Pistolen und vier Laserschwerter, bis das Ding offen ist. Und dann ist die Milch nicht im Kaffee, sondern auf dem Hemd. Warum habe ich beim Öffnen eines Joghurts eigentlich immer nur einen Teil des Deckels in der Hand? Wir können zum Mond fliegen, wir können aus dem Weltall eine Euromünze auf der Domplatte erkennen, aber wir kriegen es nicht hin, dass wir ordentliche Verpackungen erfinden. Irgendwann wird die Menschheit aussterben. Neue Eiszeit? Erdbeben? Meteorit? Nein, die Menschheit bekam das Essen nicht aus den Verpackungen."

„Bei Medikamentenschachteln muss ich immer auch gleich Beruhigungstabletten dazu kaufen, denn ich rege mich auf. Ich mache bei Medikamentenschachteln immer genau diejenige Seite auf, auf der dieser blöde Beipack-zettel im Weg ist, und zwar immer. Da muss doch eine Mechanik dahinter stecken, die uns in den Wahnsinn trei-ben soll. Selbst wenn ich die Verpackungen anbreche und lange Zeit im Schrank aufbewahre, beim nächsten Öffnen, zack, wieder der Beipackzettel ... Das ist wie bei USB-Sticks, die steckt man auch immer falsch rein und muss sie nochmal umdrehen. Warum eigentlich?!? Beipack-zettel liest doch sowieso kein Mensch, ich brauche nicht zu lesen, dass Schnupfentropfen Durchfall verursachen. Natürlich wird es dann schlagartig besser, denn du traust dich nicht mehr zu nießen. Ich esse seit Monaten Reise-tabletten und bin immer noch hier. Alles Quatsch!"

„Ich war mit den Kindern bei McDonald's und da gibt es jetzt Kalorientabellen. Das ist, als ob man in den Puff geht und einen Flyer mit Geschlechtskrankheiten bekommt. Kalorientabellen bei McDonald's? Da wiegt die Entscheidung dann auch schwer: Nehme ich den Doppelten-Doppelten mit 1.000.000 Kalorien oder doch den Drittberger mit 999.998 Kalorien? Da könnte ich eh platzen, wenn so ein Schlachtschiff den halben Laden leer bestellt und dann als Getränk eine Cola light will. Die sieht schon aus wie ein Sack Schrauben, aber natürlich Cola light – Cola wäre da auch übertrieben. Wenn die mit ihrem Arsch an meinem Fernseher vorbei geht, verpasse ich Herr der Ringe 1 bis 3, aber Cola light saufen."

„Meine Frau regt mich auf, weil die nur dieses Cola Zero trinkt. Da ist doch überall dasselbe Gift drin. Und wer muss es kaufen? Hier, der Mister Vollidiot! Denn Frauen können ja keine Getränke schleppen, aber eine 20-Kilo-Handtasche quer durch Köln tragen – das ist natürlich kein Problem. Ich gehe das Zeug ja immer im LIDL holen – und Cola steht da auf so einem großen Turm. Und Cola Zero steht da nicht in der Mitte, nicht ein bisschen weiter unten – nein, es steht ganz unten. Da muss ich eine halbe Stunde Tetris und Jenga spielen, um an eine Flasche ranzukommen. Ich habe mal einen Frührentner gesehen, der hat sich da einen Tunnel gebaut und ist nicht mehr wiedergekommen. Nach drei Wochen kam der an der Fleischtheke neben dem Leberkäse wieder hoch – mit einer Flasche Mezzo Mix."

„Da fragen Sie mich was. Samstags im Supermarkt könnte ich regelmäßig in die Luft gehen. Ich arbeite die ganze Woche und habe nur diesen Tag, um einkaufen zu gehen. Und der ganze Laden ist voller Rentner – natürlich, die haben schließlich auch nur samstags Zeit. Es ist wie im Buch Genesis: Am Ende musst du die Schlange überstehen. Nur eine Kasse ist geöffnet und dahinter sitzt ein Fräulein, das vorgestern Deutsch gelernt hat. Die Schlange ist so lang, wenn du vom Anfang ans Ende schaust, siehst du die Erdkrümmung. Und dann steht bei meinem Glück immer eine kleine kauzige Oma vor mir: ‚Was macht das? 178,89? Moment, Sie wollen es ja gerne passend.‘ Dann holt die ihr acht Quadratmeter großes Portemonnaie raus, macht es auf, macht einen Kopfsprung rein, kommt raus und sagt: ‚Nehmen Sie auch Reichsmark?‘ Und am besten sind die Rentner, die hinter einem stehen und einem mit dem Einkaufwagen immer in die Hacken fahren. Es geht nicht weiter, aber konsequent in die Hacken rein. Da will ich am liebsten etwas tun, was ich bei der Tastatur machen kann: ALT + Entfernen."

„Wenn Deutschland am Abgrund steht, dann geht die Jugend geschlossen auf die Straßen, um Pokémons zu fangen. „Pokémon Go" – ich habe dieses Spiel auf meinem Handy installiert, bin bei uns durch die Wohnung und habe so ein Vieh gesehen. Habe dann sofort einen Apfel in seine Richtung geschmissen und gemerkt, dass das ja meine Schwiegermutter ist. Und ich dachte, das sei so ein Horrorclown."

„Meine Schwiegermutter, Drachenkopps Maritta, bringt mich immer wieder zur Weißglut. Sie hat mir zu

Weihnachten ein Zigarettenetui geschenkt. Wenn man es aufklappt, ist ein Bild von ihr drin. Ich habe mir dann sofort das Rauchen abgewöhnt. Letztes Mal fragte sie mich: ‚Wenn ich einmal sterbe, was macht ihr mit mir? Einäscherung oder Beerdigung?' Ich antwortete: ‚Beides, wir gehen auf Nummer sicher!' Jetzt hat sie wohl einen Hexenschuss. Vollkommener Quatsch, die schießen doch nicht auf ihre eigenen Leute."

„Frauen hören auch immer das Falsche, egal, was man sagt. Als der Playboy Hugh Hefner unlängst verstarb, regte sich mein Altargeschenk darüber auf, dass er im hohen Alter immer noch so junge Frauen hatte. Ich meine, das ist schon der Hammer – einer mit 84 heiratet eine 60 Jahre jüngere Frau. Hugh Hefners Frau meinte dann ja auch im Interview, er habe bei seinem Alter gelogen. Klar, sie dachte wohl, er sei 94. Aber meine Frau fragte danach: ‚Du findest das doch bestimmt gut. Wenn ich mal sterbe, würdest du bestimmt auch etwas mit so einem jungen Flittchen anfangen!' Ich gab Entwarnung: ‚Schatz, wo denkst du hin – nein. Dafür musst du doch nicht sterben.' Seitdem redet sie kein Wort mehr mit mir. Das war doch ein Kompliment für sie. Versteh einer die Frauen."

„Ich könnte mich über die Realität oftmals wundern. Da findet man Alltagscomedy an jeder Ecke. Meine Mutter musste jetzt zum Lungenfacharzt, der ist im dritten Stock, und zwar ohne Aufzug."

„Werbung macht mich immer rasend. Besonders, dass jetzt der Blähbauch entdeckt wurde. Das war jahrelang kein Thema, jetzt dreht sich jede sechste Werbung darum. Da sagen Frauen in Joghurtspots: ‚Ich fühle mich so aufgebläht.' Männer würden sagen: ‚Boah, ich muss mal einen fahren lassen, dass die Tapete von den Wänden fällt.' Blähbauch hier, Blähbauch da. Bald gibt es bestimmt so eine Art Werbung wie die für die Analphabeten mit herzzerreißender Musik und einer traurigen Stimme, die sagt: ‚Sechs Millionen Menschen in Deutschland leiden unter Luft im Bauch. Schreib dich nicht ab, lern rülpsen und furzen!'"

„Donald Trump lässt meinen Blutdruck auf das Maximum steigen. Ich wäre ja für Hillary Clinton gewesen. Aber die hat es verkackt. Die sitzt jetzt jeden Tag daheim und guckt ihren Lieblingsfilm: Kill Bill. Aber Trump, da stimmt was nicht. Irgendwann zieht der die Perücke aus und dann ist das Hape Kerkeling. Der Typ kann nicht echt sein."

„Das letzte Mal aufgeregt? Ich rege mich ständig auf! Das letzte Mal nicht aufgeregt, wäre die bessere Frage. Hier, schreib aber in dein Buch, dass die Aussage jetzt vom HP (Anmerkung der Redaktion: Handwerker Peters) kommt. Ich stehe zu meiner Meinung und habe Konsequenzen noch nie gescheut. Hier diese ganzen jungen Leute, die zu faul sind zum Schaffen – äh, diese Studenten! Wenn die in den Silvesterferien bei uns auf der Baustelle arbeiten, da schwillt meine Halsschlagader bis Jericho.

Die studieren sechs Jahre und sind unfähig, eine Bier-
flasche ohne Flaschenöffner aufzukriegen. Wie wollen
die denn überleben? Dann bittet man sie, den Schlauch
abzudrehen, dann kurbeln die sich da einen zurecht und
drehen natürlich nicht ab, sondern volle Kanne auf. Links
und rechts kriegen die nicht auf die Palette. Fachidioten
überschwemmen unser Land. Zwei linke Hände und daran
zwei rechte Daumen."

„Die neuen elektronischen Geräte bringen mich um den
Verstand. Man kann die Uhr nach der Garantie stellen.
Wenn die abgelaufen ist, geht das Ding spätestens um
00:01 Uhr kaputt. An meinem neuen Auto kann ich nichts
mehr selbst reparieren, überall ist beschissene Elektronik
drin, das muss dann in der Werkstatt an einen Zentral-
computer angeschlossen werden etc. Ich bin ja schon froh,
dass mein Auto mich morgens mitnimmt. Und bei den
neuen Föhnen kriege ich echt einen Föhn. Du kannst dir
damit unmöglich vernünftig die Haare trocknen. Es gibt
nur zwei Stufen: ‚Kalter Pups' oder ‚Ich fackel dir die
Scheißhaare vom Kopf'. Da kann ich morgens entscheiden:
Gehe ich als Schneemann oder als Niki Lauda ins Büro?"

„Was regt mich auf? Menschen. Viele können von
Geburt an schlafen, saufen und scheißen – und viele lernen
nichts dazu."

„Ich habe meiner Mutter zu Weihnachten ein Smartphone geschenkt, es war der größte Fehler meines Lebens.

Wenn ich sie beim Einkaufen anrufe, fragt sie: ‚Woher weißt du, dass ich im Supermarkt bin?' Wir könnten auf der ersten Taste eine Standleitung zu mir einrichten, weil sie ständig Fragen hat. Wenn ich ihr das dann erklären will, sagt sie: ‚Ich kann da momentan nicht nachgucken, ich telefoniere ja gerade mit dem Handy mit Dir.' Sie hatte das Handy mal verlegt, und wir mussten mit dem Festnetz das Smartphone anrufen, um es wiederzufinden. Natürlich hat sie es so eingestellt, dass die Mailbox nach zehn Sekunden rangeht. Drei Stunden sind wir durch das Haus geirrt und haben immer wieder angerufen. Das Schlimmste ist aber: Sie hat WhatsApp entdeckt. Da bekomme ich Nachrichten, die sich durch die Autokorrektur wie verschlüsselte Botschaften anhören. Dann ruft sie an: ‚Ich schicke dir gleich ein Video, das musst du gesehen haben!' Und ich weiß: Jetzt kommt etwas Unlustiges von 2011."

„Da muss ich mal überlegen. Ach ja, Kassenautoamten. Warum steht da, dass die auch Scheine annehmen, wenn sie sowieso nur Münzen nehmen? Ach so, natürlich nur glatt polierte Münzen. Die anderen fallen sofort durch. Da musst du die Münzen am Automat entlangreiben, bis jedes Staubkorn verschwunden ist. Und bei Scheinen ist es noch schlimmer: Egal wie oft man den Schein glatt gestrichen hat, er kommt immer wieder raus. Ich nehme in Zukunft ein Bügeleisen mit, um den Fünfer zu glätten."

„Rauchmelder im Haus. Ich meine, das ist eine gute Sache und bringt viel Sicherheit. Aber wenn bei einem der Dinger die Batterien leer sind, werde ich zum Elch. Alle halbe Stunde ertönt ein Geräusch und man weiß zum Verrecken nicht, bei welchem der acht Rauchmelder jetzt die Batterien ausgewechselt werden müssen. Du tauschst sie bei einem aus, aber nein, es war der Falsche. Und wieder macht es ,PIIIIEP!' Als ob ein dicker Spatz irgendwo in deiner Wohnung hockt. Du rennst hin und her und kannst die Quelle nicht ausfindig machen. Gut, irgendwann qualmt dein Kopf so sehr, dass sowieso alle Alarm schlagen."

„Muss Radiowerbung von Geisteskranken für Geisteskranke gemacht werden? Ich sitze beim Frühstück und höre: ,Na Kalle, hascht esch auch mit der Verdauung? Des Müsli von dem SEITENBACHER!' Welchen Psychopathen haben die denn da als Sprecher eingefangen? Spricht Klaus Kinski jetzt Schwäbisch?!? Dann fahre ich mit dem Auto einen Berg hoch und aus dem Radio kommt: ,Na Kalle, hascht esch auch eingepackt? Des Bergsteigermüsli von dem SEITENBACHER!' Ich hab mich so erschrocken, dass ich gegen die nächste Laterne gefahren bin und meine Scheibe gerissen ist. Und rate mal, was dann kam? ,KRACK – Carglass repariert, Carglass tauscht aus!'"

„Ich bin beruflich viel auf Straßen unterwegs. Die Logik der Autobahnbaustellen leuchtet mir nicht ein. Fünf Monate, bevor dort überhaupt ein Handschlag getan wird, muss schon abgesperrt werden, und zwar von drei Spuren auf eine. Sind die bescheuert? Ein Stau entsteht, der dir den letzten Nerv raubt. Da geht nichts mehr. Wenn du die Fahrbahn wechseln willst, musst du das Auto kaufen, das neben dir steht. Und dann siehst du da keinen einzigen Arbeiter. Nein, die fangen drei Tage vor Deadline an und arbeiten dann nachts durch. Kann man die Absperrungen nicht einen Tag vorher aufstellen?"

„Ach, das liebe Finanzamt lässt mich immer wieder verzweifeln. Wenn die eine Steuernachzahlung fordern, kommt ein Brief ins Haus: ‚Sofort die Kohle her, sonst gibt es eine Abreibung!' Wenn ich aber eine Steuerrückerstattung bekomme, steht da: ‚Der Betrag wird Ihnen innerhalb der nächsten 700 Jahre überwiesen.'"

„Wie oft habe ich das schon erlebt? Mir wird gesagt: ‚Sie sehen genau so aus wie mein Nachbar', ‚Sie sind meinem Arbeitskollegen wie aus dem Gesicht geschnitten', ‚Sie haben solche Ähnlichkeit mit einem meiner Freunde.' Und dann sieht man die vermeintlichen Doppelgänger und steht dem Bruder von Quasimodo gegenüber. Ich soll so aussehen? Das ist ja furchtbar."

Das waren ein paar Beispiele. Ich glaube einfach, man sollte sich im Alltag mehr „uffresche". Einfach mal zwei Wochen Urlaub auf dem Dorf machen, das färbt ab.

Kommt die Straßenbahn?

Dieses letzte Kapitel schreibe ich in der Stadt. Ich sitze mit meinem Laptop (übrigens von der Firma „HP": Ich kriege das Dorf einfach nicht raus!) an der S-Bahn-Haltestelle Köln/Heumarkt. Wichtige Menschen mit noch wichtigeren Handytelefonaten überfluten den Bahnsteig. Anzugträger schütten sich ihren Kaffee von Starbucks in die Kehle und Jugendliche versuchen, mittels Glotzen auf das Smartphone wieder die Haltung vor dem aufrechten Gang zu erreichen. Aber die Stadt färbt ab, ich habe eben die Straßenbahn verpasst und dachte mir: „Verdammt nochmal, die Linie 1 fährt erst in 13 Minuten wieder." 13 Minuten! Der nächste Bus fuhr auf dem Dorf erst in 13 Stunden. Was wird man doch verwöhnt und was gewöhnt man sich (zu) schnell an die Schnelllebigkeit. Was soll ich jetzt tun? In die Dönerbude gehen und mir dort einen Kebab hinter die Kiemen hauen? Damit kann man in der Stadt sehr schnell auf die Fresse fliegen. Auf dem Dorf müssen diese Imbissbuden gut sein, denn sonst ist nach vier Monaten Schluss. In der Stadt darf sich jeder, der die bofrost-Lasagne fehlerfrei in die Mikrowelle schieben kann, Pizzataxi nennen. Man sollte schon stutzig werden, wenn die Dönerbude von chinesischem bis mexikanischem Essen alles anbietet. Entweder war der Koch früher ein Seemann oder der Eismann klingelt nicht nur drei Mal. Von meinem Ort kenne ich noch den Slogan: „Unser Dorf soll schöner werden!" In der Stadt heißt es eher: „Unser Schorf soll Döner werden!" Ich sehne mich hier schon ein bisschen nach dem Ländlichen, den Feldern, der Natur – ich habe einfach Sehnsucht nach Ackerpulkow.

Natürlich hat man in der Stadt auch sehr schöne Erlebnisse. Ich kann mich an eines in der Straßenbahn erinnern. Dort saß ich nach einem Kneipengang ganz alleine und eine wunderschöne Frau stieg ein. Sie war so heiß, jeder Maiskolben wäre sofort zu Popcorn geworden, wenn sie sich daneben gesetzt hätte. Ich war ganz neu in der Stadt und lächelte ihr zu. Sie war gerade vom Sauerland nach Köln gezogen und fragte mich, ob ich wisse, wo die Haltestelle „Heumarkt" sei. Natürlich hatte ich keine Ahnung, aber mein Selbstbewusstsein war schon immer größer als mein Bauch und ich sagte ihr: „Ja klar, da muss ich auch raus, halt dich einfach an mich." Wir redeten über den Unterschied vom Sauerland zu Köln und die Chemie stimmte. Die S-Bahn hielt, Menschen stiegen aus, Menschen stiegen ein, die Fahrt ging weiter – es war eine sehr schöne Stimmung. Plötzlich sah ich bei einem Halt das Schild „Heumarkt" und dachte: „Oh, hier musst du raus." Leider schlossen sich die Türen in diesem Moment und die Bahn fuhr weiter. Das Mädel hatte es nicht mitbekommen und unterhielt sich weiter mit mir. Zuhören konnte ich nicht mehr, denn in meinem Kopf ging es nur darum, wie ich aus dieser Situation wieder rauskomme, ohne als kompletter Vollidiot dazustehen, der keine Ahnung hat. Die Stimme der Kölner Verkehrsbetriebe rettete dann mein Leben: „Nächster Halt: Neumarkt!" Ich sprang geistesgegenwärtig auf und sagte: „So, hier müssen wir raus." Sie schaute mich an: „Ich wollte doch zum Heumarkt." Und ich: „Heumarkt? Ach so, entschuldige – ich habe Neumarkt verstanden." Wir stiegen aus, und sie sagte: „Von hier aus weiß ich aber nicht, wie ich zu meiner Wohnung komme." Ich spendierte ihr ein Taxi und durfte noch mit zu ihr nach Hause – es war eine sehr schöne Nacht.

Auf dem Dorf hätte diese Situation so nie stattfinden können, denn die nächste Haltestelle wäre erst 30 Minuten später gekommen und hätte mit Sicherheit nicht ähnlich geklungen. Dorfnamen sind immer eigenständig und einzigartig. Man wäre dann auch nicht mit dem Mädel nach Hause gegangen, weil man sie schon vorher auf der Kirmes hinter dem Festzelt klargemacht hätte. Auf dem Dorf erlebt man dafür aber andere schöne Sachen. Mein Vater war einmal in der Karnevalsaison Fahrer des Nickenicher Prinzenpaares. Und diese Tollitäten haben sehr viele Auftritte zu absolvieren, einer davon fand in einem Ort im Brohltal statt. Die Karnevalsitzung begann und der Bürgermeister sollte ein Grußwort an die Jecken richten. Leider war er so sturzbetrunken, dass er vorher schon von der Bierbank kippte und, vom Landrat gestützt, auf die Bühne geführt werden musste. Er lallte unverständliche Sätze ins Mikrophon und der Landrat übersetze diese ins Hochdeutsche: „Der Bürgermeister möchte das

und das sagen." Mein Vater, obgleich ein echter Dorfbewohner, war etwas erstaunt und sagte zu einer Dame an
der Kasse: „Mein Gott, was ist der Kerl voll." Sie schaute
ihn verwundert an: „Ja, das ist doch klar, der war ja heute
schon auf der Jagd." Es war also selbstverständlich,
dass der Herr Bürgermeister am Abend niedriger sitzt,
weil er morgens auf dem Hochsitz einige Jägermeister
gezwitschert hatte. In der Stadt würde dieses Verhalten
eine Amtsenthebung zur Folge haben. Auf dem Dorf wird
so etwas lockerer gesehen. Bei dieser Sitzung bekamen
die Tanzgruppen vor der Zugabe auch Bierkästen auf
die Bühne geschoben, damit sie sich stärken konnten.
Männlein wie Weiblein zischten dann jeweils eine Flasche
auf ex und tanzten weiter. Ja, auf dem Dorf findest du
nicht nur Frauen, die kochen können wie deine Mutter,
nein, die können auch saufen wie dein Vater.

Und diese Lockerheit und Lebenslust muss ich mir
immer wieder vor Augen führen. Dann verpasse ich halt
die Bahn, na und, dann gehe ich eben solange irgendwo
ein Eis essen und tue mir etwas Gutes. Die Business-
menschen um mich herum regten sich tierisch auf, da bei
der nächsten Bahn mit Verzögerungen zu rechnen war.
Sie brüllten in ihr Handy, liefen aufgeregt auf dem Bahnsteig hin und her, nur der dicke Dorfjunge Kai blieb ganz
ruhig. Eine der geölten Trockenpflaumen kam auf mich
zu und sagte: „Wie können Sie bei diesem Scheiß hier
nur so gelassen bleiben?" Ich schaute ihn an: „Nun ja,
ich bin auf dem Dorf groß geworden. Ich wurde nicht
erzogen, ich habe überlebt."

Kurzer Dank

Nichts ist schlimmer, als am Ende eines Buches lange Dankeslitaneien lesen zu müssen. Deswegen beschränke ich mich auf das Wesentliche und danke dem engen Kern meiner Familie. Alphabetisch geordnet:

Agnes

Alexandra

Alina

Alexander

Alfred

André

Beate

Beatrice

Berit

Benjamin

Bernd

Bernhard

Björn

Carla

Carmen

Carola

Carsten
Christian
Christoph
Dagmar
Dana
Daniela
Dieter
Dirk
Dominik
Edith
Elena
Elfriede
Erich
Erik
Ernst
Franziska
Frauke
Frida
Florian
Frank
Franz
Gaby
Gerda
Gertrud
Gerhard
Gert
Hedwig
Heidi
Heike

Hans
Harald
Harri
Ilona
Ilse
Imke
Ingo
Jaqueline
Jasmin
Jeanette
Jens
Jonas
Jonathan
Josef
Karin
Karina
Karla
Kai
Karl
Karl-Heinz
Lina
Linda
Lisa
Lars
Leon
Lothar
Louis
Manuela
Mareike

Maren
Marcel
Martin
Michael
Mike
Moritz
Natascha
Nathalie
Neele
Niko
Nils
Paula
Peggy
Petra
Philip
Philipp
Phillipp
Renate
Sabine
Sabrina
Sandra
Sascha
Sebastian
Siegfried
Thomas
Tobias
Tom
Torsten
Ulrike

Ursula
Uta
Ulrich
Uwe
Verena
Viktoria
Viola
Volker
Victor
Waltraut
Wera
Wibke
Werner
Wilhelm
Willi
Yasmin
Yvonne
Yannik
Xaver

Sorry an den Rest der Verwandtschaft; habe nur die auf-
gelistet, die bei uns im Dorf wohnen.

www.kramosta.de

www.facebook.com/kaikramosta